A ESPIRITUALIDADE COMO CAMINHO E MISTÉRIO

OS NOVOS PARADIGMAS

Afonso Murad, fms
Marcial Maçaneiro, scj

A ESPIRITUALIDADE COMO CAMINHO E MISTÉRIO

OS NOVOS PARADIGMAS

Edições Loyola

Revisão
Sandra Garcia

Diagramação
Telma dos Santos Custódio

Edições Loyola
Rua 1822 nº 347 – Ipiranga
04216-000 São Paulo, SP
Caixa Postal 42.335 – 04299-970 São Paulo, SP
✆ (0**11) 6914-1922
Fax: (0**11) 6163-4275
Home page e vendas: www.loyola.com.br
e-mail: loyola@ibm.net

Todos os direitos reservados. Nenhuma parte desta obra pode ser reproduzida ou transmitida por qualquer forma e/ou quaisquer meios (eletrônico ou mecânico, incluindo fotocópia e gravação) ou arquivada em qualquer sistema ou banco de dados sem permissão escrita da Editora.

ISBN: 85-15-02014-9

© EDIÇÕES LOYOLA, São Paulo, Brasil, 1999

SUMÁRIO

PEREGRINOS NA ARTE DE APRENDER 7

I
SEGUIR JESUS EM NOVAS TRILHAS

I. O SEGUIMENTO DE JESUS: SENTIDO E INSPIRAÇÃO 13

II. A MÍSTICA DO SEGUIMENTO, A PARTIR DE JESUS 17
   1. Confiança em Deus e disponibilidade 17
   2. A sintonia com o Pai, no coração e na vida 21
   3. O olhar da misericórdia de Deus e do Reino que brota ... 24
   4. A Cruz e a Ressurreição: a dor e a esperança do Reino ... 27
   5. Filhos e filhas, no Espírito 29

III. A PRÁTICA DO SEGUIMENTO DE JESUS 33
   1. Presença solidária: nossa opção preferencial 33
   2. A luta pela saúde plena e pelo bem-estar 36
   3. Acolhida aos pecadores, perdão e comensalidade 41
   4. Anúncio e ensino: saber e sabor do Evangelho 43

IV. DINAMISMO E DESTAQUES NO SEGUIMENTO DE JESUS 49
   1. Vocação e projeto de vida 49
   2. Trabalho e santidade profissional 51
   3. Maior ousadia e fidelidade na Vida Religiosa 52
   4. Voltar ao essencial! 53

ABRIR NOVAS TRILHAS 55

II
ESPIRITUALIDADE E NOVOS PARADIGMAS

UM PASSO A MAIS... 59

I. UM TEMA INSTIGANTE 61
   1. O que é "paradigma"? 61
   2. Horizonte em movimento 62
   3. O novo que provoca a fé 63
   4. Qual será a atitude cristã? 63
   5. Matrizes, areópagos e passagens 65
   6. Coisas novas e antigas 66
   7. Alguns deslocamentos em espiritualidade 68
   8. Critérios para uma verificação cristã 71

II. ESPIRITUALIDADE CRISTÃ E NOVOS PARADIGMAS 73
    1. Subjetividade: Deus nos habita e nos liberta 73
    2. Corpo 76
    3. Mulher: Vênus renascida? 79
    4. Terra: a mãe Gaia 81
    5. Cosmos: tenda e jardim 83
    6. Interação planetária: a paz em rede 86
    7. Holística: em busca da unidade 87

III. JESUS CRISTO: ARQUÉTIPO INSPIRADOR 91
     1. Interioridade em relação 91
     2. Inteligência com afeto 92
     3. Capacidade de reaprender 93
     4. Sensibilidade cósmica 93
     5. O humano em sínteses 95

IV. DINAMIZANDO A ESPIRITUALIDADE 97
    1. Espiritualidade com mistagogia 97
    2. Nova vivência dos sacramentos 98
    3. Práticas de solidariedade 99
    4. Comunidades de vida 99
    5. Discípulos em itinerância 100

ORAÇÃO DO NOVO MILÊNIO (POSFÁCIO) 103

OS AUTORES 107

PEREGRINOS NA ARTE DE APRENDER

Ao longo da história acumulamos um patrimônio espiritual precioso: os mártires, os mestres do deserto, a leitura orante da Palavra, os místicos, a devoção popular, a opção pelos pobres. Investimos na evangelização e explicitamos um sem-fim de espiritualidades: missionária, libertadora, juvenil, litúrgica, familiar, ecumênica e catecumenal.

Ainda somos, no entanto, "aprendizes" nas coisas de Deus. Muito se fala ou escreve sobre espiritualidade, mas o caminho da fé é uma trilha sinuosa que devemos incessantemente percorrer, com zelo e dedicação. A experiência de Deus — mesmo já sendo um tema clássico da teologia — nunca pode ser considerada fato concluído. Cada época tem seus desafios e inspirações, suas oportunidades e riscos.

O mesmo vale para o momento atual. Vivemos, hoje, o entardecer que antecipa o dia seguinte. É compreensível que, na passagem entre ocaso e aurora, luzes e sombras se misturem, exigindo mais atenção no olhar. Não é isso que experimentamos hoje? Há necessidade de ver claro no lusco-fusco da História, distinguindo luz e sombra.

De um lado, temos a injustiça do mercado, a violência e a fome. As instituições tradicionais passam por crises. Vemos surgir uma geração humana carente de paz e de afeto, com um psiquismo carente de cuidados e uma moral desgastada. De outro lado, cresce a rede da solidariedade, fundam-se novas organizações civis, e as religiões começam a dialogar. Os direitos humanos são hoje uma bandeira internacional, e muitas pessoas se sentem irmanadas numa comunidade planetária.

Nesse quadro multicor, a religião adquire papel estratégico, como eixo transversal que perpassa tudo, da mística à política, da Terra ao Céu. Esperanças e perigos tocam as religiões, que balançam entre fundamentalismo ou diálogo, entre isolamento ou abertura. Alguns propagam a "volta às fontes" e o retorno ao "núcleo místico das religiões" como a grande esperança do novo século. Fala-se também de "fidelidade criativa ao Espírito", de "laicidade batismal do Povo de Deus", de "globalização da solidariedade" e "refundação da vida consagrada".

Diante disso, pedimos ao Espírito Santo o discernimento que "consola": que ilumina nossa inteligência com o sol da sabedoria e nos dá *solo* para caminharmos com firmeza. Queremos interpretar os sinais dos tempos. Buscamos reler nosso patrimônio espiritual. Tentamos converter o coração aos valores essenciais do Evangelho.

É hora de fazer o que Jesus sugeriu a respeito do escriba sábio: "... instruído acerca do reino dos céus, ele é comparável a um dono de casa que tira do seu tesouro coisas novas e antigas" (Mt 13,52).

Essa palavra de Jesus inspirou o livro que você agora tem em mãos. Vendo a situação de nosso tempo — tão complexa mas também tão carregada de possibilidades —, abrimos o "tesouro" da espiritualidade na tentativa de encontrar respostas atuais para velhas questões sobre nós, o mundo e a vinda do Reino de Deus.

A primeira parte — *Seguir Jesus em novas trilhas* — trata de nossa experiência de discípulos: conhecer a pessoa de Jesus, seu projeto, suas exigências e a esperança que nele se sustenta e, depois, segui-lo "em novas trilhas"; porque o mundo de hoje já não é o da cristandade tradicional, nem o da modernidade clássica, mas, sobretudo, o mundo das transições, do reencanto, do desejo de saúde integral. Então nos perguntamos: Como conjugar esse novo respiro com a edificação histórica da justiça, da fraternidade e da paz? O que Jesus oferece em termos de afetividade e cura do coração, ao mesmo tempo que inspira cristãos verdadeiramente críticos e comprometidos com a nova humanidade? Como fazer a experiência do Pai misericordioso, tornando-nos mais filhos de Deus e mais irmãos do outro, a exemplo de Jesus?

Essa primeira parte do livro nos lembra que a espiritualidade é caminho e que todo cristão é um peregrino ao sabor do Espírito.

Na segunda parte — *Espiritualidade e novos paradigmas* —, damos um passo a mais no caminho antes aberto, indo na direção de alguns paradigmas atualmente em evidência: subjetividade, corpo, feminino, ecologia, cosmos e holística. Convidamos você a viajar conosco, tomando a bagagem da fé e armando tenda em espaços inéditos. Esta segunda parte nos lembra que a espiritualidade é um "mistério" que nos guia na "arte de aprender". Aqui você encontrará dicas para viver a fé no contexto do novo milênio.

No texto há uma leitura inspiradora do Evangelho e várias citações dos místicos. Entretanto, não se amontoa idéia sobre idéia. Escrevemos este volume como uma "pequena contemplação" que articula diversas intuições. Outro detalhe: fizemos o livro pensando em muitas pessoas. Os temas servem para estudo, formação e avaliação, considerando cada leitor como um sujeito capaz de refletir e rezar sobre o texto. Há um tempero vivencial nestas páginas, que o leitor logo descobrirá.

Esperamos que este livro ajude você e sua comunidade a seguir Jesus com amor renovado. Desde já, incluímos você em nossa oração ao Deus de toda bondade, Pai, Filho e Consolador.

AFONSO MURAD, FMS
MARCIAL MAÇANEIRO, SCJ

I

SEGUIR JESUS EM NOVAS TRILHAS

Afonso Murad, fms

I
O SEGUIMENTO DE JESUS:
SENTIDO E INSPIRAÇÃO

Quando iniciou sua missão na Galiléia, Jesus de Nazaré dirigiu-se à multidão que acorria a ele sedenta de palavras de vida. Mas para formar os seguidores de sua causa adotou uma estratégia especial: ao grupo de homens e mulheres (Lc 6,12--16; Lc 8,1-3) que o acompanhavam mais de perto, viviam com ele e aprendiam uma nova maneira de existir, a partir da relação cotidiana com o Mestre, chamou de "discípulos", algo como "peregrinos na arte de aprender". Como Jesus animava um movimento religioso itinerante, que percorria cidades e vilarejos, seus companheiros e discípulos não viviam em um lugar fixo, mas caminhavam com ele. Por isso, o "seguimento de Jesus" era ao mesmo tempo algo literal e simbólico. Tratava-se de "ir atrás de Jesus", renunciando à segurança básica de uma moradia (Lc 9,57-59) e adotando um estilo de vida peregrinante, desapegado, centrado no essencial.

Depois da ressurreição de Jesus, o "seguimento" deixou de ser algo literal para significar a atitude vital de todos que aderem com fé à sua pessoa e mensagem. Todo cristão ou cristã considera-se um seguidor de Jesus, um aprendiz de sua Palavra, pela força do Espírito Santo, que nos recorda e atualiza a presença de Jesus em nós (Jo 14,26).

Após o século V, a Igreja se tornou, lentamente, a religião oficial do Império romano. Os cristãos foram perdendo a radicalidade do seguimento de Jesus, e muitos entraram de cheio nas práticas mundanas da sociedade da época. Em reação, surgiram grupos de homens e mulheres que queriam viver mais intensamente o Evangelho. Eles fugiam da sociedade e inauguravam uma forma de vida simples, pobre, despojada, centrada na oração. Alguns se retiraram para o deserto ou lugares ermos, habitando sós; outros se reuniam em comunidade. Aí se encontra a raiz do que se chamou mais tarde "vida religiosa".

Séculos depois, com o advento da sociedade medieval e a cristandade, surgiram outros grupos que pretendiam viver mais fortemente o seguimento de Jesus, reagindo contra uma vida cristã medíocre e sem sabor. Quem não se recorda do vigor e da ternura que moveram Francisco e Clara de Assis? O sonho de experimentar o frescor e a força do Evangelho de Jesus jamais se apaga no cristianismo, mesmo nos tempos mais tenebrosos.

Chegamos ao início de nosso século com um quadro preocupante. O seguimento de Jesus, entendido na época como "imitação de Cristo" e de suas virtudes, era compreendido como quase exclusivamente para religiosos(as) e sacerdotes. Quem almejasse uma vida de santidade, para mergulhar no Evangelho de forma mais intensa, deveria entrar em um instituto de irmãs, irmãos ou padres. A consagração, por meio dos três votos (pobreza, castidade e obediência), em uma família religiosa parecia a única opção de seguir Jesus mais de perto. Para leigos e leigas restava o ideal menos nobre de santificar-se no mundo.

Felizmente, hoje as coisas mudaram. Todos os cristãos são chamados a viver o ideal do seguimento de Jesus. De um lado, a vida religiosa tem buscado formas mais humanas e comuns de expressão, estando mais próxima dos leigos. De outro, muitos leigos desejam experienciar a mística do seguimento de Jesus. Portanto, é hora de compreender, a partir de Jesus, em que consiste esse seguimento e quais são suas concretizações.

A expressão "seguimento de Jesus" é muito ampla, podendo abarcar toda a vida cristã, em suas múltiplas expressões e possibilidades de realização. Radicado na experiência dos discípulos e atualizado em cada geração cristã, o seguimento a Jesus é vivido de forma diversificada pela grande maioria dos cristãos, os leigos. Quanto aos consagrados, especialmente os(as) religiosos(as), seguir a Jesus passa pela mediação do carisma do(a) fundador(a) e das realizações comunitárias e institucionais de sua família religiosa. Eles têm uma pretensão de radicalidade, em relação à maneira comum de seguir a Jesus. Fatores pessoais, comunitários e institucionais podem acelerar ou frear essa realização radical do seguimento.

O seguimento comporta uma *mística* e uma *prática*, a partir de Jesus. Por mística entendemos a maneira de se relacionar com Deus, a espiritualidade que motiva e anima a vida cristã. Já a prática compreende o conjunto de ações, atitudes e empreendimentos que os cristãos, leigos ou consagrados, realizam em sua vida cotidiana e na missão evangelizadora.

Cada cristão vive o seguimento em determinado momento existencial, que está relacionado com sua idade cronológica e psicológica, maturidade humana e nível da fé. Uns serão iniciantes, outros passarão por tempos de crises purificadoras, e alguns provarão a maturidade. Por isso, os traços do seguimento de Jesus que apresentaremos aqui não são uniformes, mas têm distintos acentos e concentrações, servindo apenas como balizas para nossa vida pessoal e comunitária. Cada geração de cristãos recria a experiência dos primeiros discípulos em tempos e contextos novos.

Ao falar do seguimento de Jesus, vamos enfocar em primeiro lugar o Evangelho e a pessoa do Mestre. O Nazareno convoca os discípulos a viver com ele e como ele. Seguir a

Jesus é refazer o caminho vivo e novo que ele nos abriu por meio de sua encarnação redentora (Hb 10,21). A partir daí voltaremos para nós e nossa situação presente, ensaiando uma reatualização. Em alguns momentos, falaremos do que é comum para todos os seguidores de Jesus. Em outros, mostraremos os acentos diversos para leigos e consagrados.

II

A MÍSTICA DO SEGUIMENTO, A PARTIR DE JESUS

Jesus estabelece com o Pai uma relação forte e intensa que lhe dá a referência para viver e atuar de forma original. Como judeu, Jesus percebe a Deus como total transcendência, alguém muito maior que o ser humano, a fonte e origem de toda a vida, o Criador e Senhor da história. Mas, paradoxalmente, essa grandeza e absolutez da alteridade divina faz-se ao mesmo tempo proximidade e intimidade amorosa. O Criador transcendente é o Pai condescendente e compassivo.

Alguns traços da relação original de Jesus com o Pai, que ele transmite aos discípulos, têm especial relevância para nosso seguimento hoje.

1. Confiança em Deus e disponibilidade

Jesus confia radicalmente em Deus e se entrega em suas mãos. Confiança e disponibilidade marcam sua atitude diante do Pai. O Mestre sabe que Deus é bom, que é a própria bondade. Por isso, repousa em Deus. Ao mesmo tempo, Jesus sente o apelo do Pai e se põe em atitude de obediência e serviço ao Reino. Como afirma poeticamente Jon Sobrino, "Jesus descansa no Pai, e o Pai não deixa Jesus descansar".

O Mestre ensina também essa dupla atitude a seus seguidores. Diz: "Confiem no Pai, que cuida de vocês muito mais que as aves do céu ou os lírios do campo" (Mt 6,25-34), e pede aos discípulos que busquem realizar a vontade do Pai e dêem prioridade à causa do Reino de Deus (Mc 3,35; Mt 6,33).

A confiança em Deus é uma atitude permanente do seguimento de Jesus. Nós, cristãos, somos homens e mulheres que levamos no coração o selo indelével de ser tocados pelo Mestre, de sentir sua luz e seu amor, que nos atraem e nos seduzem. Confiamos em Jesus porque experimentamos seu carinho, sua bondade e seu perdão. E, quanto mais mergulhamos em atitude de confiança, mais o coração se aquieta diante das preocupações da vida. Mesmo que tudo em volta esteja em crise, as certezas desapareçam e as realidades históricas mostrem traços sombrios, sabemos que Deus é a rocha firme sobre a qual se firmam nossos pés (Sl 12,3s), o pastor e guia que está conosco quando atravessamos vales tenebrosos e sem luz (Sl 23,4).

A vida moderna está marcada pela agitação, pelas múltiplas solicitações, pela imensa velocidade com que os acontecimentos se passam. Especialmente em espaços urbanos, o(a) cristão(ã) engajado(a) na tarefa de evangelização, na condução de obras e instituições, ou na luta do povo, está submetido a um ritmo estressante. Regula-se pela agenda; sofre a pressão do tempo e enormes desafios. Quantas reuniões no mesmo dia, quantas atividades distintas para a mesma pessoa, que carrega a exigência de sucesso e o temor do fracasso! Ora, a atitude de confiança em Deus não nos livra da agitação da vida moderna, mas nos dá uma imensa paz. Nosso barco — pessoal, comunitário ou institucional — pode estar agitado por ondas bravias do vento contrário (Mt 14,24) e por terríveis tempestades (Mc 4,37), mas ouvimos a voz de Jesus que nos diz: "Confiança! Sou eu. Não tenham medo" (Mc 6,50). Certamente, essa confiança em Deus não nos vem automaticamente ou de forma mágica, de um momento para outro, nem se mantém constante durante todos os momentos da vida. Ao mesmo tempo que é uma Graça de Deus, resulta de uma conquista da vida de fé.

A atitude de confiança se conjuga com a de entrega generosa nas mãos do Pai, em vista da implantação do Reino. Seguindo a Jesus em fé confiante, leigos e religiosos são capazes de se lançar em tarefas ousadas, colocar-se próximos aos marginalizados nas fronteiras da sociedade, arriscar-se em projetos missionários, enfrentar os novos campos de evangelização (areópagos) e empreender tarefas originais. Se olharmos a vida dos grandes santos, mestres espirituais, alguns deles fundadores e reformadores de institutos religiosos, como Bento, Domingos, Francisco e Clara, João da Cruz e Teresa, encontraremos o traço espiritual determinante da confiança em Deus conjugado com ousadia e zelo pastoral. Aí reside o segredo: confiar muito em Deus, abandonar-se em suas mãos, de forma a vencer o medo paralisante e superar as ilusões do poder e do sucesso. E, sentindo no peito o ardor para evangelizar, lançar-se, sabendo que a obra é de Deus.

O desequilíbrio ou ausência desses dois fatores conduzem a uma vida medíocre, atribulada ou sem expressão. Pessoas que são muito trabalhadoras, dedicadas, arrojadas mas não nutrem suficientemente a atitude de confiança em Deus tendem à auto-suficiência, ao orgulho, à arrogância, ou ao medo, à ansiedade, à inquietação espiritual e psicológica. Indivíduos que cultivam a confiança em Deus sem a correspondente generosidade tendem a nutrir uma vida espiritual narcisista, voltada para si próprio, sem sintonizar com os grandes apelos de Deus no mundo. Pouca confiança em Deus e pequena disponibilidade geram homens e mulheres que não vibram com sua vocação. Ao contrário, pessoas fundadas na presença de Deus e ousadas em evangelizar são geradoras de vida e belos testemunhos.

A dupla atitude de *confiança* no Pai e *disponibilidade* para realizar seus projetos no mundo (Reino de Deus) marcam a espiritualidade de Jesus e de seus seguidores. Mas, para nós, não se trata de algo pronto, já realizado ou conquistado definitivamente. O próprio Jesus, em momentos duros e decisivos de sua vida, como no Getsêmani e na cruz, nos mostra como é custoso abandonar-se nas mãos do Pai e renovar o "sim" generoso: "Pai, afasta de mim esse cálice. Contudo, não seja o que eu quero, e sim o que Tu queres" (Mc 14,36). Ele relembra aos seus que devem "vigiar e orar", para não cederem ao medo, à moleza, ao coração pesado, às preocupações da vida, que os afasta do Pai (Lc 21,34-36).

Um grande seguidor como Pedro, que parecia tão seguro de si e convicto de sua opção pelo Mestre, cochila na hora em que Jesus precisa de sua companhia e se deixa tomar pela tristeza (Lc 22,45s; Mc 14,37s). Ele havia dito para Jesus, com orgulho: "Mesmo que todos fiquem desorientados, eu permanecerei firme" (Mc 14,29) e "Ainda que eu tenha que morrer contigo, mesmo assim não te negarei" (Mc 14,31). Mas na hora em que sentiu o perigo negou a Jesus, repetidamente, por três vezes (Mc 14,66-72). Medo, covardia, fraqueza, incoerência? Todos temos um pouco (e às vezes muito) de Pedro. Felizmente, a história não termina aí, na desconfiança e na negação. Jesus, mesmo pressentindo que Pedro poderia negá-lo, confia nele e lhe diz que rezou por ele, para que não fosse dominado pelo Mal e que sua fé não desfalecesse. E acrescenta: "E tu, quando voltares, fortalece teus irmãos" (Lc 22,32). Logo após a "traição", Jesus se volta para Pedro e lhe lança um olhar (Lc 22,61s), que entra em seu coração como flecha incendiária. Rasga-lhe a auto-suficiência, ilumina a escuridão de sua alma, faz-lhe perceber a densidade do gesto cometido. Pedro cai em si e chora amargamente.

Após a Ressurreição, o Senhor lhe aparece, numa pescaria com outros companheiros (Jo 21,1-14), e lhe dá a chance de reconstruir cada "não" com um novo "sim". E lhe pergunta, por três vezes: "Tu me amas?" (Jo 21,15-17). Pedro acaba reconhecendo que o amor de Jesus é maior que sua fraqueza pessoal. E responde, ao final: "Senhor, tu sabes tudo. Tu sabes que eu te amo". Mais tarde, vemos Pedro transformado. O homem medroso dá lugar a uma corajosa testemunha de Jesus. Juntamente com João, enfrenta os sacerdotes, os chefes do templo e os saduceus, aqueles mesmos que levaram o Mestre à morte. Falam com segurança, e todos se admiram, pois são pessoas simples e sem instrução (At 4,1-14). As autoridades procuram intimidá-los, mas eles respondem com firmeza: "É mais justo obedecer a Deus ou aos homens? Não podemos nos calar sobre o que vimos e ouvimos" (At 4,20).

O caso de Pedro é ilustrativo para nosso seguimento de Jesus, hoje. Quantos de nós, que estamos no caminho do Mestre, não desenvolvemos ainda a atitude de confiança e abandono radicais nas mãos do Pai. Nossa generosidade e disponibilidade fraquejam e por vezes diminuem. Os medos são muitos, e alguns nos paralisam, mas continuamos no caminho, porque o Senhor é insistente. Ele nos lança o olhar de ternura e fogo, nos chama de novo, convida-nos a voltar, reatar e refazer os laços de *fé e entrega*. E, como a Pedro, cada pergunta — oferta de graça e perdão — vem acompanhada de um chamado missionário: "Tu me amas? Então, cuida de minhas ovelhas e de meus cordeiros" (ver novamente Jo 21,15-17).

2. A sintonia com o Pai, no coração e na vida

Como Jesus consegue desenvolver tanto a confiança no Pai e a disponibilidade a ele? Como faz crescer seu senso de pertença a Deus, de ser Filho? Por meio de uma sintonia constante. Sintonizar é entrar na mesma freqüência, fundir horizontes distintos, afinar a comunicação. Jesus sintoniza com o Pai pela oração.

De forma particular, Lucas insiste em mostrar como a oração permeia as grandes etapas da vida de Jesus. A missão pública do Mestre inaugura-se com o batismo de João. Jesus está rezando, quando o Espírito vem sobre ele e o Pai revela que Jesus é o Filho bem-amado (Lc 3,21s). Repleto do Espírito, Jesus permanece em oração no deserto, preparando-se para a missão. Refaz o itinerário de seu povo no deserto, ao passar por todas as formas de tentação (Lc 4,1-13). Inicia a missão unificado, inteiro, ancorado em Deus. Em meio à intensa atividade libertadora de ensinar, curar e proclamar a vinda do Reino (Lc 4,31.40.43), ele se retira estrategicamente para lugares desertos (Lc 4,42), pela manhã ou à noite. Lá, passa muitas horas diante do Pai, em silêncio e oração. E, quanto mais sua fama aumentava e crescentes multidões acorriam a ele, para ouvir suas palavras e encontrar cura, mais Jesus compreendia que necessitava se alimentar com a oração. Retirava-se para lugares desertos, a fim de rezar (Lc 5,15s). E também levava os discípulos para rezarem com ele (Lc 9,18).

Jesus mantém uma sintonia com Deus que não é pieguice nem o transforma no estereótipo de uma figura isolada da sociedade de seu tempo. Ao contrário. Seus inimigos, os fariseus e doutores da Lei, chegam a chamá-lo de "comilão e beberrão" (Lc 7,34). E ainda criticam os seguidores do Mestre, pois comem e bebem como pessoas normais, diferentemente dos discípulos de João Batista, que jejuavam e faziam orações. Jesus é um místico, homem de Deus, mas se nega a ser um asceta ou penitente. Ele consegue uma intimidade tão grande com o Pai, que pode livremente criticar os absurdos do Templo, da Lei religiosa e do Sábado (Lc 6,1-10). Alcançou a fidelidade do coração. Foi tocado por Deus e tocou em seu mistério. Ninguém mais vai retê-lo.

Jesus precisava escolher bem o grupo mais próximo que estaria com ele, para partilhar a tarefa de iniciar o Reino e falar do Pai. Então, vai para a montanha a fim de rezar. Passa toda a noite em oração. Ao amanhecer, escolhe os doze apóstolos (Lc 6,12s). Foi uma grande decisão, preparada pela oração. O Pai é o melhor conselheiro.

Os evangelhos sinóticos relatam uma cena que antecipa a glória da ressurreição: a transfiguração. Lucas nos conta que Jesus tomou Pedro, João e Tiago e subiu à montanha para rezar. E enquanto rezava seu rosto mudou de aparência e sua roupa ficou muito branca e brilhante. Desce uma nuvem e encobre os discípulos com sua sombra. E dela sai uma voz: "Este é meu Filho escolhido. Escutem o que ele diz" (Lc 9,28--35). O relato está cheio de elementos simbólicos. A nuvem era um elemento que mostrava a presença de Deus junto do povo, especialmente no momento da libertação do Egito (Ex 13,21), na promulgação da Aliança e preparação dos dez mandamentos (Ex 19,9; 24,16-18) e na caminhada no deserto (Ex 16,10). Depois de ficar muito tempo na presença de Deus, Moisés estava com o rosto resplandecente (Ex 34,29.35). Jesus exercita uma tal intimidade e sintonia com o Pai, na oração, que a luz divina transborda em seu próprio corpo. Ele é "o Iluminado" com a luz do Pai.

Um dia, Jesus estava orando. Quando terminou, um dos discípulos pede que lhe ensine a rezar (Lc 11,1). O Mestre lhe ensina a oração e ainda insiste que basta pedir com confiança, que o Pai concede — especialmente, Ele dará o Espírito Santo aos que O pedirem (Lc 11,9-13). Em outra ocasião, conta aos discípulos uma parábola, para mostrar-lhes a necessidade de rezar sempre, sem nunca desistir (Lc 18,1-8). Jesus institui a Eucaristia a partir do ritual judaico da Páscoa, uma grande celebração de ação de graças (Lc 22,14-20). No pão e no vinho coloca seu próprio corpo e sangue, que serão oferecidos como Nova Aliança. Por fim, Jesus prepara sua paixão e morte na cruz na sofrida oração do Getsêmani. Ele está angustiado, seu suor são gotas de sangue. Mas a entrega ao Pai lhe faz sair, novamente, unificado, pronto para o combate (Lc 22,39-45).

Hoje, quem quiser seguir a Jesus necessita criar um espaço de silêncio, de interioridade, de oração. Naturalmente, isso também não é algo pronto e acabado, mas um longo processo, fruto da Graça de Deus e do esforço, generosidade e disciplina humanos. Não se trata de multiplicar momentos de práticas devocionais e de celebrações, na ilusão de que eles, magicamente, nos levam à sintonia com Jesus, com o Pai e o Espírito; mas de criar um ritmo de oração pessoal e comunitária que favoreça a intimidade com Deus e a escuta da Palavra na Sagrada Escritura e na experiência cotidiana.

3. O olhar da misericórdia de Deus e do Reino que brota

Jesus ensina seus seguidores a contemplar as pessoas, a sociedade e o mundo com o olhar do Pai e do Reino. Mostra que Deus é tão bom, que dá as mesmas possibilidades de salvação a justos e injustos, bons e maus (Mt 5,45). Mais ainda: a maior alegria do Pai está em resgatar o perdido (Lc 15). O Deus criador também recria, não somente a partir do nada, mas desde o caos e o pecado.

Porque Jesus, como o Pai, tem no coração a bondade fontal e recriadora, é tomado de compaixão pela multidão abandonada (Mc 6,34). Esse amor compassivo, entranhado, cheio de ternura está na base de toda a ação benéfica e libertadora de Jesus. A luz do Pai lhe transfigura a existência (Mc 9,2s). Na luz do Pai, Jesus ilumina a existência e aquece a esperança de muitos homens e mulheres, especialmente os mais pobres. E Jesus diz claramente a seus seguidores: "Vocês são a luz do mundo!" (Mt 5,14). Ao provar a luminosidade de Deus na experiência de Jesus, os cristãos se transformam em luzeiros a espalhar o bem e denunciar o mal.

A experiência da misericórdia e da gratuidade de Deus é fundamental no seguimento de Jesus. De um lado, suscita em nós a atitude de gratidão e louvor, pois provamos que "o Senhor fez em nós maravilhas e santo é seu nome" (cf. Lc 1,49). Descobrimos nossa riqueza interior, assumimos nossos talentos e potencialidades com alegria e sem espírito de posse, pois sabemos que tudo é Graça. De outro lado, reconhecemos nossa fragilidade, acolhemos nossa história de pecado pessoal, comunitário e institucional, confiantes no triunfo do bem. À medida que percebemos nossa existência sob esse olhar, nada nos escandaliza e tudo pode ser caminho de encontro com o Senhor (Rm 8,28).

A comunidade cristã é constituída por homens e mulheres tão limitados, fracos e pecadores, duros de compreender, frágeis na fé, como eram os discípulos de Jesus (Mc 4,40; 9,32). O caminho do seguimento de Jesus não é uma reta perfeita. Muitas vezes, passa por trilhas sinuosas, vales escuros, desvios, falsos atalhos, ladeiras, subidas íngremes, estradas pedregosas, como também por belos e floridos caminhos. Nessa complexidade têm lugar, por exemplo, a integração da afetividade e da sexualidade, o relacionamento comunitário e as relações de poder. Tudo isso pode ser matéria de aprendizagem no seguimento de Jesus.

O olhar trinitário (do Pai, pelo Filho, no Espírito) de misericórdia faz com que evitemos as posturas de superioridade e julgamento sobre os outros cristãos. Estes, como nós, participam da força e da fraqueza da fé, apresentam sinais da beleza de Deus e da feiura do pecado. Não somos melhores nem piores que eles. Participamos da mesma comunidade de santos e pecadores. A pertença a um grupo de leigos, a um movimento ou a um instituto religioso não nos transforma em seres perfeitos, membros de uma elite de puros, que se sentem no direito de discriminar os outros. A graça do engajamento e da consagração é dom a serviço da humanidade, e não privilégio.

Seguimos a Jesus, hoje, provando a misericórdia de Deus. Jogamos fora as falsas imagens que nos foram impostas, de um deus "justo juiz", castigador, feroz, pois experimentamos o Senhor como "Sumo Bem", o Deus carinhoso e cheio de ternura. Quem experimenta a Deus assim compreende a frase do profeta Oséias, da qual Jesus faz eco: "Eu quero a misericórdia, e não o sacrifício" (Mt 9,13; Os 6,6). O olhar de misericórdia sobre as pessoas e o mundo não significa ingenuidade ou negação da maldade, da mentira, da ganância e de tantas outras formas de pecado que estão por aí. O misericordioso não é um bobo. Mas, a partir de Deus, acolhe a fragilidade humana, não para justificá-la, e sim para ajudar que o núcleo positivo, a essência boa da pessoa, desabroche e vença o mal.

O olhar do Reino emergente, que Jesus ensina a seus seguidores, está na origem de nossa missão evangelizadora. O Reino é total graça de Deus. Acontece na história como o crescimento imperceptível de uma pequena semente (Mc 4,26--29). Mas essa mesma graça nos convoca: "Chegou a hora, completou-se o tempo" (Mc 1,15), não dá para esperar mais. O tempo definitivo de Deus já irrompeu na história: "Levantem o olhar de vocês e vejam os campos. Eles estão prontos para a colheita" (Jo 4,35).

Compreender a tensão escatológica do Reino, o fato de ele já estar acontecendo na história, mas **ainda não** ter se consumado, suscita em nós, cristãos, *esperança* e *compromisso*. Esperamos confiantes, pois acreditamos que o Senhor já iniciou o novo céu e a nova terra, onde Deus está bem próximo a seu povo e o amor triunfará sobre a maldade (Ap 21,1-5). "Eis que faço novas todas as coisas" (Ap 21,5). Porque o Reino já emergiu, a semente do bem está definitivamente plantada em nosso chão. A grandeza e a aparente invulnerabilidade dos sistemas opressores, de natureza econômica, política, religiosa ou social terão fim. O reinado de Deus acontece na história misturado com o anti-reino (Mt 13,24-30) e em luta com ele. Sabemos que só alcançaremos sua plena realização no Futuro Absoluto, no pós-morte e na plenificação dos tempos.

Olhar a sociedade e o mundo pela ótica do Reino de Deus faz de nós, seguidores de Jesus, eternos inconformados. Não nos tira a serenidade, mas nos provoca. Acreditar no Reino e se engajar em sua causa leva-nos a incorporar a solidariedade, a ecologia e a cidadania como bandeiras de luta. Mesmo que não saibamos como agir, a sensibilidade social e ecológica permanece em nosso horizonte. Temos a "santa inquietação" de que a Terra se torne o espaço de festa e não de exploração, de partilha e não de acumulação e divisão injusta. Novas práticas hão de surgir para concretizar o sonho. O Senhor não deixará nossa esperança cair no vazio.

4. A Cruz e a Ressurreição: a dor e a esperança do Reino

O Evangelho alerta que o seguimento de Jesus comporta cruz. A comunidade cristã dos inícios percebeu logo que a cruz não era só um momento da vida do Mestre e de seus primeiros discípulos, mas uma dimensão permanente dos seguidores: "Se alguém quer vir após mim, renuncie a si mesmo, tome sua cruz cada dia e siga-me" (Lc 9,23). A cruz representa algo de perda, de renúncia, de desprazer, de incômodo. Mas a redenção da cruz não reside no que ela tem de sofrimento. Isso é um terrível equívoco que tomou conta de algumas correntes de espiritualidade no correr da história. Não somos sádicos nem masoquistas; não queremos o sofrimento, nem o nosso nem o dos outros. Se a cruz tem algum sentido, para além do escândalo e sem-sentido, ele reside num "louco amor" (1Cor 1,23-25). O Filho de Deus encarnado vence o mistério da iniqüidade do mundo, passando por dentro dele. Só um grande amor é capaz de oferecer-se, de perder para ganhar em outro nível (Lc 9,24), de dar-se até o fim: "Ninguém tem maior amor do que aquele que dá a vida por seus amigos" (Jo 15,13).

O seguidor refaz as grandes etapas do caminho de Jesus. A cruz, a ressurreição e a efusão do Espírito são elementos permanentes de nossa vida espiritual. Com o crucificado, provamos o incompreensível e paradoxal mistério da paixão e morte do Senhor.

A cruz, em nosso atual contexto, apresenta muitas facetas:

— A primeira consiste em persistir no compromisso com o bem e a justiça, numa sociedade em que reina a maldade e a iniqüidade. Colocar-se do lado dos fracos, dos pobres, dos marginalizados e defender os valores do Reino, de uma ética que está acima da busca de vantagens pessoais, sempre é algo custoso. Implica conflito e sofrimento. A cruz é o resultado do conflito ativo com o anti-reino, que se manifesta em pessoas, mentalidades e estruturas. Todo seguidor de Jesus está sujeito à perseguição, calúnia e incompreensão. Quanto mais se empenha pelo Bem, mais deve contar com a possibilidade de reações contrárias. Assim fizeram com nosso Mestre e Senhor (At 10,38s). A cruz é conseqüência de nossa fidelidade a Deus e à sua causa, num mundo que se pauta por outros valores.

— Outra faceta da cruz é a aceitação de situações indesejadas. Trata-se do lado "passivo" da cruz. Algumas situações de doença, morte, limitações pessoais, comunitárias e institucionais configuram um quadro diante do qual a gente não tem muito o que fazer, a não ser acolher humildemente. Esse acolhimento, porém, não deve ser confundido com fatalismo, falta de iniciativa ou legitimação da injustiça em nome da cruz de Cristo. Trata-se somente de transformar também nossa impotência ou dificuldade em resposta a Deus.

— Por fim, a cruz nos leva à identificação com a sorte dos crucificados neste mundo. Todo gesto de aproximação e compromisso com os que sofrem e são submetidos a condições desumanizantes nos faz provar a cruz redentora de Cristo. A solidariedade com o sofrimento dos outros, a ponto de participar efetivamente de seu destino, tem um efeito libertador para todos: "Em suas chagas fomos curados" (Is 53,5).

As novas gerações de leigos(as) e de jovens religiosos(as), marcadas pela sensibilidade ao prazeroso e por certa repugnância à disciplina, têm muita dificuldade em aceitar as cruzes da existência. Estão habituadas a fazer da vida uma seqüência de momentos, e não um processo em que se aceitam as duras crises de crescimento. Vivem intensamente o presente, mas têm dificuldade de assumir o peso do empreendimento de projetos duradouros. Em contrapartida, como são mais sensíveis aos sinais positivos da vida, ao desfrute e à alegria, à valorização dos pequenos gestos da existência, podem captar de forma original o gozo e a vitória do mistério da ressurreição.

A cruz não tem a última palavra na vida de Jesus e dos seus. Glorificado pelo Pai, Jesus se torna, de forma nova e definitiva, nosso Senhor (Fl 2,11). A experiência da ressurreição traz para os seguidores de ontem e de hoje os frutos da paz, da alegria, da coragem, da força do Espírito Santo e do envio em missão (Jo 20,19-23). Com a ressurreição, descobrimos a totalidade do rosto de Deus, que é Trindade, não mais somente como Javé e Pai de Jesus, e sim como comunidade amante e amorosa; a totalidade do Pai — com rosto materno —, do Filho e do Espírito.

5. Filhos e filhas, no Espírito

O Ressuscitado, comunicador de vida em plenitude, concede a seus discípulos os dons de seu Espírito. Jesus não está mais presente na forma humana, a olhos vistos. Deixa em seu lugar o Paráclito, o Espírito que procede do Pai e do Filho (Jo 15,26). Com a ressurreição e o Pentecostes, entramos no "tempo do Espírito". É Ele que recorda, atualiza e amplia a palavra e a ação de Jesus (Jo 14,16.26), conduzindo-nos à verdade plena (Jo 16,13). O mesmo Espírito constitui a comunidade cristã como grupo das testemunhas da vida, morte e ressurreição de Jesus (At 2,1-36), com diferentes dons e ministérios (1Cor 12,4-11), como um corpo vivo com diferentes membros (1Cor 12,12-30).

O Espírito Santo conduz a comunidade e cada cristão a realizar a vocação de filhos de Deus e herdeiros maduros na administração do mundo (Rm 8,14-17). Com o Espírito chegou o tempo da maturidade. Cada homem e cada mulher é dotado(a) da possibilidade de viver a liberdade adulta, no amor e na caridade (Gl 3,24-28; 5,1.13). Entramos na intimidade de

Deus, como seus filhos e não como meras criaturas. Podemos, no Espírito, chamar Deus de Abbá, paizinho, como o faz Jesus (Rm 8,15). O Espírito suscita diferentes carismas no correr da história, que estão na base das ações pastorais e dos movimentos de renovação da Igreja, bem como na fundação dos institutos religiosos. Ele também intervém na tarefa de fidelidade criativa ao carisma em diferentes contextos históricos e na refundação dos institutos.

Para alguns cristãos, o Espírito Santo é um grande desconhecido. Outros, por associá-lo a movimentos pentecostais festivos, criam uma resistência gratuita a legítimas manifestações de Deus, que podem contribuir para a renovação da vida cristã. Basta pensar, por exemplo, em algo tão elementar e cotidiano como a oração pessoal e comunitária. Quantos reduzem a oração a uma obrigação, que deve ser cumprida regularmente. Os salmos, as antífonas, os hinos, os cânticos e as leituras precisam ser mecanicamente repetidos na mesma cadência de dois coros. Não sobra espaço para o louvor espontâneo, para a intercessão de coração aberto, para a adoração silenciosa e vibrante. O formalismo religioso toma o lugar da intimidade com o Senhor. O rito, na piedade ou na liturgia, que deveria ser expressão regrada do coração em prece, degenera-se em linguagem sem Presença. Mas o Espírito nos atrai de novo ao Senhor. Coloca-nos no processo de reencantamento por Deus e seu Reino, de sedução com novo frescor por seu amor, e nos chama à intimidade com Ele.

Em um instituto religioso, de Irmãs, Irmãos ou padres, quando uma assembléia ou capítulo solicita que seus membros entrem em discernimento, para reorientar as obras e reorganizar comunidades, é necessário exercitar grande sensibilidade ao Espírito. Trata-se de um momento de Graça. Deixa-se a segurança do já conquistado em busca de um futuro que nos escapa das mãos. De novo, o Espírito Santo, o Renovador, vem em nosso auxílio, em vista da melhor realização da vontade do Senhor.

A Igreja institucionalizada vive em permanente tensão. Ela traz em si e em seus membros a força renovadora e impulsionadora do Espírito, que está acima de toda lei e convoca para uma liberdade criativa fundada na caridade e não em estruturas formais de qualquer gênero; em contrapartida, a Igreja necessita de leis, estatutos, regras, autoridades constituídas, sistema de governo, obras e bens que em princípio existem para efetivar a realização histórica dos carismas. O Espírito é como o sopro de vida, o sangue que circula, oxigena e vivifica os tecidos. As estruturas, as normas e os hábitos são como os ossos a garantir a consistência do corpo. No entanto, muitos de nós padecemos de "hipercalcificação" do corpo, perdemos mobilidade. Os ossos não mais nos sustentam. Ao contrário, nós os sustentamos a muito custo. Ao mesmo tempo, e isso é surpreendente, há pessoas e grupos que, movidos pelo Espírito, enchem de novo os ossos de carne, dando-lhes vida e esperança (cf. Ez 37,1-14). Realizam imenso bem e testemunham a inesgotável leveza de Deus, para a Igreja e a sociedade.

Somos filhos de Deus no Espírito. Quantas possibilidades o Senhor nos concede de viver e atualizar o seguimento de Jesus, pois seu Espírito habita em nós e circula, qual vento incessante e inesperado, na Igreja, nas religiões e no mundo!

Selecionou-se aqui, entre os múltiplos traços da *mística* do seguimento de Jesus na América Latina hoje, a relação de confiança e disponibilidade a Deus, a sintonia com o Pai, a ótica do Pai misericordioso e do Reino emergente e a tensão pascal. Outros traços, igualmente importantes, poderiam ser delineados, por exemplo a originalidade da opção pelos pobres como encontro com o Senhor, uma espiritualidade integradora, com elementos multiculturais, ecológicos, feministas, macroecumênicos e estéticos. Todos brotam da relação viva com o Senhor, pela força do Espírito, nesse momento histórico. Alguns passarão, outros deixarão marcas na história dos(as) leigos(as) e dos(as) religiosos(as). Embora contingentes, servem humildemente ao projeto de Deus. Vejamos, a seguir, algumas características da *prática* do seguimento de Jesus.

III

A PRÁTICA DO SEGUIMENTO DE JESUS

Os cristãos de cada tempo e lugar se inspiram na prática de Jesus e descobrem estratégias novas para continuar o anúncio do Reino e do rosto do Pai. Seguir a Jesus não significa fazer literalmente o que ele fez, mas inserir-se no movimento evangelizador por ele iniciado e conduzido pelo Espírito Santo. Na vida religiosa, o seguimento tem a marca do carisma de cada instituto e de suas opções apostólicas em determinado contexto histórico. Para os(as) leigos(as), abrem-se imensas possibilidades, em suas múltiplas maneiras de estar no mundo. E há elementos comuns para todos.

1. Presença solidária: nossa opção preferencial

No Evangelho, Jesus faz uma opção preferencial pelos pobres. Lucas narra a inauguração da missão pública de Jesus com o discurso na sinagoga, retomando Isaías 61,1s, que começa assim: "O Espírito do Senhor está sobre mim, porque ele me consagrou com a unção, para anunciar a Boa Nova aos pobres" (Lc 4,17s). Mais tarde, João Batista manda perguntar se Jesus é o Messias esperado, e ele responde, descrevendo sua atividade libertadora: "Voltem e contem a João o que vocês viram e ouviram. Os cegos recuperam a vista, os paralíticos andam, os leprosos são purificados, os surdos ouvem, os mortos ressuscitam e a Boa Nova é anunciada aos pobres. E feliz daquele que não se escandalizar de mim" (Lc 7,22s). Já no tempo de Jesus a opção pelos pobres era algo incompreendido e escandalizava a muitos. Hoje, não é diferente.

Jesus destina a Boa Nova do Reino e do Pai em primeiro lugar aos pobres (Lc 4,18; 7,22). Esse fato tão evidente já suscitou muita polêmica, especialmente na última década. Em comunidades, paróquias e institutos, formaram-se as correntes dos "favoráveis aos pobres" e dos "favoráveis a todos". Hoje há certo consenso: a opção preferencial pelos pobres não é mero fruto de ideologia de esquerda ou de política, mas está no núcleo das escolhas de Jesus. O motivo é muito simples. Deus ama a todos, mas sua estratégia amorosa concede atenção especial aos que mais precisam, aos "desumanizados", a quem é negado o acesso às condições mínimas necessárias para viverem dignamente e crescerem como filhos de Deus.

A prática da opção preferencial pelos pobres na América Latina, e sua correspondente reflexão, por meio da teologia da libertação, trouxe no bojo uma nova postura e uma nova metodologia em relação ao "povo". A postura básica consiste em se aproximar dos pobres com humildade e escuta, entrando com cuidado e respeito em seu mundo. Busca-se compreender e acolher sua cultura, seus valores, seus hábitos e sua religiosidade. Essa atitude não significa aceitar ingenuamente como bom e perfeito tudo o que vem do povo. Os pobres participam também da ambigüidade e do pecado humanos.

A novidade consiste em *superar o colonialismo cultural e religioso, em criar comunhão efetiva, aproximar os horizontes do agente de pastoral e do povo, estabelecendo um diálogo em que as duas partes aprendem e ensinam.* A nova metodologia, que concretiza essa postura, considera os pobres sujeitos de seu processo histórico. Supera-se assim o paternalismo e o autoritarismo daqueles que, mesmo bem-intencionados, fazem dos pobres meros receptores passivos de sua **caridade**. Criam-se, dessa forma, processos participativos em que os pobres assumem tarefas junto das pessoas que atuam com eles, tomam parte nas atividades, avaliam e planejam.

Na moderna cultura urbana deste fim de século, a opção preferencial pelos pobres assume o novo nome de **solidariedade**. A substituição dos termos apresenta o risco de mascarar o escândalo ético do empobrecimento e da exclusão social e ignorar que o empenho pela sociedade solidária comporta também denunciar os protagonistas dos mecanismos geradores de injustiça e exclusão. Integração do diferente não quer dizer abolição do conflito.

O termo "solidariedade" tem a vantagem de compreender a opção pelos pobres com uma perspectiva mais abrangente, que atinge a todos os seres humanos e toda a vida no planeta. É o antídoto para o individualismo, o narcisismo, o sexismo, o etnocentrismo e o consumismo da sociedade moderna, que contaminam a todos: pobres, classe média e ricos. Solidariedade não é distribuir comida e roupa para os pobres, mas criar espaços de aproximação entre pessoas e grupos de classes sociais, etnias e culturas diversas, numa interação libertadora. A solidariedade se realiza em todas as iniciativas, pequenas ou grandes, de partilhar o ter, o saber, o poder e a beleza. Mas não se detém na prática em si. Comporta uma tensão aberta para o futuro, é uma esperança em semente. Em cada efetivação concreta, prenuncia que as pessoas, os grupos e a sociedade ainda não alcançaram o grau de solidariedade necessário para um mundo novo, que não seja excludente e, sim, integre as diferenças. A solidariedade comporta uma nova visão planetária, das relações dos seres humanos entre si.

Muitos leigos se sentem incomodados com a injustiça e o crescente empobrecimento da população. Gostariam de fazer algo para amenizar ou mudar a situação, mas não sabem como. Alguns realizam trabalho voluntário em ONGs (Organizações não-governamentais), ou tomam parte nas pastorais sociais da Igreja com população de rua, com os sem-teto e os sem-terra, os encarcerados etc. Outros buscam uma ação no próprio ambiente de trabalho, especialmente os que lidam com educação e saúde. Faz-se necessário criar, cada vez mais, espaços de exercício da solidariedade.

Na vida religiosa, o apelo à opção pelos pobres é ainda maior. Mas convivemos com um paradoxo: por um lado, a maioria dos religiosos, especialmente os homens (padres e irmãos), vêm de classe popular e, quando entram na vida religiosa, ascendem socialmente. Têm acesso a muitos bens dos quais não disporiam se fossem leigos. Embora façam voto de pobreza, ficam fascinados pelas novas possibilidades de consumo e bem-estar. Então, torna-se muito difícil fazer uma real opção pelos pobres, que implique renúncia e simplicidade de vida. Por outro lado, grande parte dos institutos nasceu com uma clara destinação para os pobres e menos favorecidos, e a vida religiosa tem um ideal de simplicidade e despojamento dos bens.

Embora os carismas congregacionais sejam distintos, pede-se de cada instituto que ao menos uma parte significativa de seus membros esteja diretamente comprometida na evangelização e presença solidária com os pobres. O critério econômico é o primeiro (mas não o único) indicador de pobreza. Novas formas de pobreza e exclusão social estão surgindo nas modernas sociedades urbanas, o que da vida religiosa imensa mobilidade e espírito missionário.

2. A luta pela saúde plena e pelo bem-estar

Ao percorrer os evangelhos, percebemos que algumas ações de Jesus se destacam. Ele cura uma enormidade de doenças físicas, psicológicas e mentais, expulsa demônios (Mc 1,33s.39), come com os pecadores (Mc 2,15-17), perdoa pecados (Mc 2,5), constitui o grupo dos seguidores próximos (Mc 1,16-20), prega a Boa Nova com instrumentos significativos, como as parábolas (Mc 4), e delega aos doze o poder e a responsabilidade de continuar sua missão (Mt 10; Lc 9,1-5). Como reinterpretar hoje esses elementos da "prática de Jesus" na ação de seus seguidores?

Curar os doentes e *expulsar demônios* parece uma prática pré-científica, reservada à época em que a medicina profissional não existia. No tempo de Jesus, atribuem-se aos demônios a origem de uma série de doenças psíquicas (cf. Mc 5,1-19), até mesmo a epilepsia (Mc 9,14-28). A multidão acorre a ele e leva seus doentes, esperando alcançar cura (Mc 6,53-56). Conforme os evangelhos sinóticos (Mateus, Lucas e Marcos), Jesus realiza muitos "gestos de poder" (em grego, *dynamis*), indevidamente traduzidos em nossas línguas por "milagres". Mas Jesus não é um milagreiro que aproveita de seu poder para fazer fama. Ao contrário. Ele escapa de todas as ocasiões que lhe serviriam de autopromoção. A cura é somente um serviço, visando abrir o coração do ser humano para realidades maiores, como a bondade de Deus, a necessidade da fé e a beleza do Reino.

Por meio de curas físicas e psíquicas e exorcismos, Jesus mostra que o Reino está acontecendo, que a transformação do ser humano é possível e as forças do anti-reino estão sendo dominadas: "Se é pelo dedo de Deus que expulso demônios, então o Reino de Deus já chegou até vocês" (Lc 11,20). Como bem caracterizou Jon Sobrino, as curas são gestos benéficos e libertadores. *Benéficos* porque vêm em resposta a uma carência do povo. Atestam que o Pai é misericordioso e tem piedade de seu povo sofrido. *Libertadores* porque suscitam esperança e colocam a pessoa como co-participante do processo de cura. Jesus não cansa de repetir: "Tua fé te salvou" (Mc 11,52). A reintegração da pessoa começa a partir de dentro, do compromisso mediante a fé. E cada pessoa curada é um sinal de que o Reino, vida em abundância para todos (Jo 10,10), começa a acontecer.

Hoje, em pleno tempo de avanço da ciência, a oferta de saúde física e mental tem sido o grande atrativo de muitos grupos religiosos, desde cristãos pentecostais (evangélicos e católicos) até seitas orientais, grupos espíritas e umbandistas. A insuficiência de políticas públicas para a assistência à saúde provoca verdadeiro desespero em meio aos pobres. O atendimento médico deixa a desejar, os medicamentos são caros. Isso sem falar das péssimas condições de moradia, transporte e segurança, que submetem os pobres a uma situação estressante e propícia a doenças. A saída é então recorrer aos santos, buscando, a todo custo, a cura dos males biológicos, somáticos e psicológicos em troca de promessas, devoções e "poderosas" orações de cura. A persistência da mentalidade pré-científica faz com que se continue a atribuir diretamente aos demônios muitos males que têm origem no âmbito afetivo, relacional, simbólico, econômico e social.

Qual é a contribuição dos(as) leigos(as) e consagrados(as) nesse contexto? Não se trata de querer transformar a todos em curandeiros e exorcistas. Mas dever-se-ia acompanhar e valorizar aqueles que, devido à sua paranormalidade e estágio da fé, podem contribuir no processo de cura física e espiritual dos outros.

Devemos fazer uma leitura mais ampla da doença e da cura, como sinais do anti-reino e do Reino. Algumas correntes da holística moderna têm mostrado que a saúde da pessoa, seu bem-estar, é fruto de integração energética, para o qual convergem fatores diversos, entre os quais os de natureza física, química e biológica. A boa saúde depende também de vida equilibrada, de sintonia com a natureza e de uma postura existencial positiva. Pela fé sabemos também que o sofrimento, advindo da doença física, pode ser uma oportunidade de crescimento e purificação, embora queiramos a saúde e o bem-estar para todos.

A moral tradicional, pré-conciliar, tinha um discurso predominantemente negativo sobre a corporeidade. Os livros de ascética e mística não incentivavam as pessoas a cuidar de si.

Ao contrário, "mortificação" era a palavra-chave. Auto-sacrifício, disciplina e renúncia aos desejos davam a tônica da vida espiritual.

No entanto, os monges, as monjas e demais consagrados(as) tinham um estilo de vida com muitos elementos saudáveis: existência ritmada (regularidade), tempo suficiente de sono, equilíbrio entre trabalho manual e intelectual, alimentação cuidada, contato com a natureza e cultivo da paz interior... Se não fosse assim, como explicar o alto índice de longevidade de irmãs, padres e irmãos?

A vida cristã dos tempos atuais é chamada a testemunhar para homens e mulheres um estilo saudável de viver. Consagrar-se é sintonizar cada vez mais com Deus, com a Comunidade Trinitária, origem e fonte de toda a vida e beleza. Quanto mais nos entregamos ao Senhor e a seus projetos, mais luz, ternura, alegria e beleza recebemos de Deus e transmitimos aos outros.

Esse projeto existencial-espiritual necessita de uma base humana bem constituída, pois não somos anjos nem deuses. É necessário reservar tempo e espaço para o lazer, a gratuidade, o descanso e o cuidado de si. Pessoas sempre cansadas, estressadas e tensas põem em risco a própria vocação e são incapazes de sinalizar a alegria e a gratuidade de Deus. Pretensos "super-homens" e "supermulheres", semideuses em sua prepotência e fachada de "todo-poderosos(as)", são como ídolos com pés de barro. Necessitamos de pessoas "inteiras", sadias, integradas, com razoável auto-estima e conhecimento de suas riquezas e limitações.

Um setor significativo do laicato e da vida religiosa pode contribuir para a saúde físico-biológica do povo por meio de muitas iniciativas. Já há experiências com sucesso, como o tradicional empenho nas obras de hospitais e centros de saúde, a utilização de recursos da medicina alternativa e a educação do povo para a alimentação natural.

A sociedade moderna cria cada vez mais pessoas doentes, não só biologicamente. Uma doença típica da pós-modernidade é a fragmentação dos indivíduos. Em algumas regiões do Brasil, os jovens usam a expressão "estou um caco", para dizer como estão arrebentados, esfacelados, divididos ética e psicologicamente. É nossa missão ajudar a curar as pessoas a partir de dentro, como fez Jesus. Qualquer ação evangelizadora hoje deve considerar a situação da subjetividade fragmentada e ajudar as pessoas a assumir sua identidade e história. Para muitos, ser curado significa "juntar os cacos" da existência, reintegrar os fragmentos de dor, rejeição, desamor e sofrimento, como também descobrir os fragmentos positivos e as belezas escondidas.

Convém recordar que os indivíduos não são mônadas, entes isolados. A cura das carências da subjetividade coincide com um processo de abertura ao outro e aos outros. A libertação da subjetividade se encontra na solidariedade. Cada vez mais é necessário investir na formação de leigos(as) e consagrados(as) na área da psicologia, do serviço social, das relações humanas, a fim de responder a essa crescente demanda de subjetividade e de coletividade. E quanto bem fazem também as pessoas que lidam com a arte, em suas múltiplas expressões, como a música, o teatro, o desenho, a pintura e a escultura! Ajudam a expressar a beleza humana, a esperança e o sonhos escondidos. Resgatam no ser humano sua vocação de co-criador.

O que dizer da expulsão dos demônios? Estamos cercados de pessoas e grupos que estão "possessos", possuídos pela força destruidora do Mal e do anti-reino. Os(as) leigos(as) e religiosos(as) que vivem e atuam com certos grupos marginalizados conhecem bem essa história nos meninos e meninas de rua, em drogados e alcoólicos. Os condicionamentos do mal, do desamor, da rejeição são tão fortes, que as pessoas sentem muita dificuldade em exercitar sua liberdade para o bem. Necessitam ser libertadas e reconstruídas. E há situações mais comuns dos pequenos possessos, de submissão ao mal, como a cobiça, a sede insaciável de lucro, o consumismo, o erotismo vazio, o reino da aparência e da mentira. Homens e mulheres de várias classes sociais estão padecendo de desumanização, de perda de seu ideal de filhos de Deus e herdeiros da criação. E há uma lógica, com muitos elementos diabólicos, que "dá as cartas" na forma de viver na sociedade. Em seu nome se destrói lentamente o planeta, tiram-se do Estado as responsabilidades sociais, institui-se o mercado como regulador da economia e se cria uma multidão crescente de desempregados.

Todos os processos individuais, grupais e institucionais para ajudar as pessoas a se libertar dessas prisões, a buscar uma existência com sentido e tocada pela presença de Deus envolvem a participação dos seguidores de Jesus em sua prática "exorcizante" de expulsar os demônios. Cada vez que ajudamos as pessoas a recuperar sua dignidade e a conquistar sua liberdade diante dos condicionamentos desumanizantes, estamos lutando contra os demônios do anti-reino. Sempre que investimos em práticas de resgate da cidadania, da solidariedade, da ecologia, de uma nova relação de gêneros (homem e mulher), estamos combatendo os demônios e contribuindo para o crescimento do reinado de Deus no mundo.

3. Acolhida aos pecadores, perdão e comensalidade

Jesus acolhe os pecadores, perdoa-os e come com eles (Mc 2,15-17). Festeja assim a alegria de Deus (Lc 15) e mostra, com seu gesto, que o Pai reúne seus filhos numa nova forma de convívio social, em que a exclusão dá lugar à inclusão e ao acolhimento. O Senhor deixa também esse preceito para os discípulos (Mt 18,10-15.21s). Os seguidores de Jesus, hoje, são chamados a atualizar esses gestos do Senhor.

Somos sinais do perdão regenerador e recriador de Jesus, de sua misericórdia que resgata o último fio de esperança, cola o caniço rachado e reacende a vela que ainda fumega (cf. Mt 12,20; Is 42,3). Em primeiro lugar, provamos em nossa existência a dialética da culpa, do erro e do perdão. Na vida comunitária, no relacionamento fraterno e nas ações pastorais, erramos, falhamos e sofremos pelos erros e falhas alheias. Faz parte de nossa condição de peregrinos na fé refazer as trilhas destruídas por nossos pecados e pelos pecados dos outros. Perdoar-se, perdoar e pedir perdão constituem etapas desse processo de reconstrução. No entanto, causa estranheza que leigos e consagrados, aparentemente tão perto de Deus, vivam anos alimentando inimizade com os outros e resistam em perdoar ou pedir perdão.

Num mundo marcado pelo ódio e pela violência, a prática do perdão é vital. Muitas vezes ela não se dá de maneira automática ou imediata, pois há feridas que demoram a curar e a cicatrizar. Celebrar o perdão, exercitar espaços de correção fraterna e criar práticas periódicas de avaliação e revisão no trabalho pastoral atualizam a prática de Jesus de acolher e perdoar pecadores.

Alguns cristãos são sinalizadores especiais da acolhida aos pecadores no seio da Igreja. Como Jesus, chamam as pessoas à conversão, não lhes impondo o jugo de leis insuportáveis, mas mostrando-lhes as possibilidades de ser melhores e mais felizes, dando-lhe leveza e aconchego (Mt 11,28-30). Os ministros ordenados devem animar a celebração sacramental da reconciliação com esse vigor renovado.

Jesus não só perdoa, mas acolhe as pessoas, come e celebra com elas. Já houve várias iniciativas de acolhida organizadas por leigos, como casas de peregrinos, albergues e "hospitais de caridade". O povo do interior tem uma longa tradição de hospitalidade e acolhida. É necessário recriá-las, em outros moldes, no atual momento histórico e na sociedade urbana. Eis uma tarefa para muitos leigos.

A vida religiosa também cultivou durante séculos a acolhida e a hospitalidade. Mas com o tempo as comunidades foram criando muros e clausuras. Como retomar hoje a atitude de "acolhimento"? Gestos simples e cotidianos, como abrir as comunidades para que leigos (pobres ou ricos) possam partilhar conosco as refeições e as orações, são profundamente evangelizadores. Seguramente, é necessário manter o clima de recolhimento e privacidade adequado à nossa vida de consagrados. Mas precisamos, em muitos casos, romper o isolamento que criamos, em nome da preservação de nossa identidade. Quantas comunidades religiosas de vida ativa estão "encasteladas", enclausuradas, encolhidas! Se os consagrados(as) são, a partir de nossa oração e da partilha do pão, "luz do mundo e sal da terra", não é coerente ficar com a lâmpada escondida debaixo da cama (cf. Mt 13,13-16).

A convivialidade nos desinstala. Exige de nós maior transparência e ritmo de vida dinâmico. As comunidades inseridas ensinaram-nos como a proximidade com o povo pobre renova a vida religiosa por dentro, impulsionando-a a purificar-se de tantas estruturas, hábitos e comportamentos dispensáveis. Voltamos ao núcleo do seguimento de Jesus. Os pobres nos evangelizam. Ao mesmo tempo, a presença dos(as) religiosos(as) junto do povo acalenta-lhe a existência. Pela simples proximidade, as pessoas se sentem acolhidas, valorizadas, amadas e reconhecidas.

4. Anúncio e ensino: saber e sabor do Evangelho

Jesus dedica boa parte de seu tempo ensinando ao povo e aos discípulos (Mc 2,13; 4,1.33s). É um ensinamento novo, cheio de autoridade (Mc 1,27), pois conjuga os gestos benéficos e libertadores com as palavras que desvendam o mistério do Pai e do Reino. A pregação de Jesus não é doutrina fixa, mas revelação dinâmica do rosto de Deus e de sua ação no mundo. Ao falar, ele interpreta os gestos e lhes dá sentido.

Enquanto Mestre e educador, Jesus não só ensina coisas e estabelece preceitos, mas antes de tudo ajuda os discípulos e a multidão a ter uma chave de compreensão de sua existência, à luz de Deus e de seu Reino. No dizer de G. Bateson e J. L. Segundo, trata-se de uma dêutero-aprendizagem, de aprender a aprender. Jesus faz pensar, deixa perguntas no ar, desequilibra seus ouvintes (na concepção de Piaget). Até o não--entendimento é oportunidade para nova aprendizagem (Mc 7,17-19).

O anúncio de Jesus é Boa Nova, notícia alegre e significativa para seus interlocutores. Ele utiliza uma linguagem adequada a seus ouvintes. Serve-se de imagens da cultura mediterrânea de seu tempo. Fala principalmente pela analogia das parábolas, rica de significados (cf. Mt 13). Também faz discursos, com conotação ética, religiosa e sapiencial, orientando o povo para um jeito melhor de viver. Muitos ditos de Jesus foram condensados e reorganizados em blocos pelos evangelistas, como no sermão da montanha de Mateus 5–7. Numa sociedade pré-técnica, com escassos recursos de transporte e comunicação, Jesus faz ecoar sua Boa Nova, ao percorrer vilas e cidades pela Galiléia e Judéia, até chegar à capital, Jerusalém.

Nesta virada de milênio, uma das maiores preocupações na evangelização é o anúncio explícito da Boa Nova de Jesus em sociedades urbanas, nas quais diminui a presença pública da Igreja. Estatisticamente, um percentual cada vez menor da população é atingido pelas paróquias e instituições católicas. Já não se ouvem mais os sinos das igrejas, e pouca gente leva a sério os pronunciamentos oficiais. Em contrapartida, muitos falam de Jesus, com mais eloqüência que os católicos, desde poderosas igrejas evangélicas até grupos espíritas ou do "racionalismo cristão".

A sociedade atual é marcada pela multiplicação e saturação da informação. Cresce o número de canais de televisão, especialmente a cabo e via satélite, multiplicam-se as emissoras de rádio, os jornais e revistas, abre-se o infindável campo da comunicação via Internet. Só acontece e existe para a opinião pública o que, de alguma forma, é veiculado pela mídia, especialmente pelas grandes redes de televisão. Como fazer ressoar aí a palavra da Evangelho? Surgem dois desafios: (1) ocupar o espaço da comunicação de forma a poder dizer algo e (2) veicular uma mensagem significativa. Sem dúvida, um areópago novo para os seguidores de Jesus são os meios de comunicação de massa. Diferentemente da comunicação interpessoal e para pequenos grupos, que primam pelo contato direto e certa espontaneidade (o que não dispensa planejamento e organização), trabalhar com a mídia exige muita preparação pessoal e profissional, longo tempo de elaboração e domínio de mecanismos complexos. Leigos(as) e religiosos(as) são convocados a dar sua contribuição nesse campo. Muitas são as possibilidades, tais como assessoria de imprensa, artigos e comentários nos grandes jornais, confecção de jornais alternativos, solidificação da "imprensa católica", elaboração e apresentação de programas para rádio e TV, montagem de vídeos educativos e pastorais. A questão de fundo é multiplicar o público a ser atingido pela Boa Nova de Jesus e veicular valores cristãos.

O primeiro desafio se conjuga com o segundo. Trata-se de atingir muita gente de forma a dizer algo com *significado e sabor*. Isso implica adequação da mensagem ao meio ou canal utilizado. Por exemplo, é inadequado realizar um programa de televisão com palestra deixando o apresentador imóvel diante da câmera parada. Da mesma forma, uma notícia de jornal tem estrutura própria, diferente da de um artigo de teologia.

De maneira geral, vivemos hoje no tempo da "cultura da imagem". A informação se faz mais leve, rápida, direta, envolvendo os sentidos, despertando a imaginação e o desejo. A Boa Nova inculturada deve levar isso em conta, até mesmo nos tradicionais canais de evangelização, como a liturgia, a catequese, as pastorais, os movimentos e as festas devocionais populares. Aprender-se-á a falar menos e dizer mais.

Um significativo setor de leigos(as) e religiosos(as) dedica-se ao campo da educação formal, por meio da escola católica ou da presença evangelizadora na escola pública. Tal missão adquire enorme importância nos tempos atuais. O saber se tornou o principal instrumento de poder e realização pessoal, como também de dominação. O grande desafio para os educadores cristãos consiste em estimular a apropriação, elaboração e reapropriação do saber de forma a contribuir com a solidariedade e reduzir a exclusão social. Tal preocupação deve estar presente tanto entre as elites como entre as classes populares.

O empenho no tradicional campo da educação formal ou no novo campo da comunicação social só terá sucesso com a crescente participação dos(as) leigos(as). Eles já não são apenas colaboradores nas obras dos(as) religiosos(as), mas parceiros na missão. Faz-se necessário, por isso, investir na formação humana, profissional e religiosa dos leigos que se associam à missão da educação, partilhar com eles os carismas dos institutos, sem pretender que tenham o estilo de vida e o grau de dedicação exclusivos de consagrados. Com a crescente participação dos leigos, os mecanismos que regem as instituições católicas também devem ser modificados, de forma a possibilitar divisão do poder e um assumir conjunto das responsabilidades.

O evangelista Marcos nos diz que Jesus ensina com autoridade (Mc 1,27). Muitas vezes, alude que Jesus anuncia a Palavra, mas, em vez de citar seus ditos, Marcos relata algum gesto benéfico e libertador (Mc 2,2-12). O primeiro conteúdo da pregação de Jesus são os gestos. As palavras vêm junto, para esclarecer, favorecer a compreensão, possibilitar um novo olhar a partir do Pai e do Reino. Da mesma forma, Jesus envia seus discípulos para continuar sua missão (Mc 6,6b-13) e lhes instrui como devem agir. Essa lição vale também hoje para os seguidores do Mestre. Certamente, devemos aprender a falar a linguagem das massas, como fez Jesus, mas sem entrar na lógica massificante e consumista que as orienta, sem ceder à força mágica (e por vezes mentirosa) das palavras e das imagens, comuns nos famosos programas de domingo à tarde. Um gesto vale mais que mil palavras. Gesto e palavra, juntos, são reveladores de Deus. O anúncio do Evangelho hoje só será "Boa notícia" se conjugar palavras significativas, verdadeiras e esperançosas, com gestos humanizadores, promotores do bem e da justiça.

IV

DINAMISMO E DESTAQUES NO SEGUIMENTO DE JESUS

Na origem do movimento de Jesus não há uma divisão rígida entre "estados de vida", que mais tarde se configuraram como laicato, vida religiosa e sacerdócio ordenado. Seguramente, Jesus tem uma estratégia diferenciada. Ele se dirige a todo o povo, mas escolhe um grupo seleto para estar com ele, segui-lo mais de perto e continuar sua missão (Mc 3,13-18; Lc 8,1-3). A comunidade eclesial, seguidora do Ressuscitado, foi gestando, nos dois milênios de sua existência, maneiras diferenciadas de viver o seguimento. Configuraram-se comportamentos, costumes, normas, regras, instituições. Como toda opção histórica, situada no tempo e no espaço, essa gama de realizações históricas traz consigo os traços do Espírito Santo e também a limitação e estreiteza do espírito humano. Exige contínua revisão e novas formas de encarnação.

1. Vocação e projeto de vida

Até hoje, existe certo equívoco em alguns encontros vocacionais. Apontam-se normalmente três caminhos de vida cristã: o matrimônio (para leigos e leigas), o sacerdócio (só para homens!) e a vida religiosa. Mas um grupo crescente de pessoas não se encontra em nenhuma das opções apresentadas. Se um(a) leigo(a) não quer se casar, ou não encontra o(a) companheiro(a) almejado(a), fica com sua vocação "congelada"? O matrimônio é apenas um aspecto da vocação leiga, não seu elemento característico. E, se alguém quer viver uma consagração radical a Deus mas não opta pelo celibato, qual dos caminhos vai trilhar? Vê-se que essas distinções já não respondem completamente ao atual contexto.

Há algumas tarefas e desafios específicos do seguimento de Jesus, para os(as) leigos(as) e os(as) religiosos(as), correspondentes a seu estado de vida atual. Ao apontá-los, não estamos dizendo que eles deveriam ser sempre assim. Homens e mulheres poderão configurar novas formas de realização do seguimento, ou remodelar as existentes, pela força do renovador Espírito do Senhor.

Num mundo tão confuso e sem critérios claros para a ação, os leigos testemunham, por gestos e palavras, um modo de conviver com as coisas do mundo, no que elas têm de beleza e limitação, direcionada para o Reino de Deus: "Que a luz de vocês brilhe diante dos homens, para que eles vejam as boas obras que vocês fazem, e louvem o Pai" (Mt 5,16).

Inúmeros são os desafios e as chances para os leigos exercitarem o seguimento de Jesus no mundo. Como é importante mostrar solidariedade e retidão no ambiente de trabalho, no qual muitas vezes reina o individualismo e a competição! Que experiência fascinante e desafiadora é desenvolver uma espiritualidade do corpo e da sexualidade: em vez de nos separar de Deus, levar-nos a Ele! Constituir família, acolher os possíveis fracassos nas relações, educar os filhos, trabalhar duramente para dar-lhes condições de crescimento e acesso a boas condições de moradia, educação e saúde pode parecer algo somente mundano, mas é caminho de santificação.

2. Trabalho e santidade profissional

A profissão pode ser a forma básica de realização do engajamento do leigo no mundo. Mas, para muitos, permanece uma angustiosa pergunta, ainda sem resposta: como fazer do meu trabalho não somente o meio de garantir a sobrevivência, mas também um serviço à humanidade? Grandes são as possibilidades, mas elas não estão disponíveis a todos, e a sociedade atual transformou a profissão somente em meio de ganhar dinheiro.

Os leigos que se dedicam à pesquisa científica, às novas tecnologias, à economia e outros campos das ciências têm a possibilidade de fazer algo em vista do Projeto de Deus para a humanidade, contribuindo para modelos novos de desenvolvimento ecologicamente sustentável em que impere a justiça. Resta ainda o campo da luta pela cidadania e a política partidária, tão contaminada pelos demônios do poder, da fama, do enriquecimento ilícito. E também há um enorme bem a realizar na área da educação, da saúde, da arte e da comunicação social.

O seguimento de Jesus, para os(as) leigos(as), exige, por fim, a adesão a um grupo de referência, em que a pessoa pode se sentir, enquanto cristão, em sua casa. Ali repousa em Deus, celebra, alimenta a fé, encontra seus irmãos e irmãs. Para muitos, esse grupo já existe. São as comunidades, pastorais, paróquias ou movimentos. Outros, no entanto, ainda estão órfãos na fé, sem grupo que lhes estimule a dar passos mais ousados no seguimento de Jesus, na vivência do Reino, na experiência do amor do Pai.

Os leigos estão gestando uma espiritualidade mais encarnada, cotidiana, que incorpora dor e alegria, sofrimento e prazer, corpo e espírito, adesão explícita a Jesus e reconhecimento da presença de Deus nas outras religiões. Uma espiritualidade unificadora, sempre provisória e itinerante.

3. Maior ousadia e fidelidade na Vida Religiosa

Os religiosos(as) assumem publicamente uma opção de vida que privilegia o seguimento de Jesus. Mas, paradoxalmente, muitos testemunham uma vida medíocre e sem sabor. E a raiz dessa situação está tanto nas pessoas como nas estruturas de suas instituições.

O mundo moderno, com seus fascínios mundanos, trouxe para os religiosos, especialmente das novas gerações, certa secularização. Enquanto muitos leigos, gratuitamente, se engajam em noites e jornadas longas de oração e em atividades evangelizadoras exigentes, oferecendo seu minguado tempo livre, há um enorme contingente de religiosos acomodados, em casa, cumprindo somente os momentos predeterminados de oração, e exercitando uma comedida generosidade apostólica. A vida religiosa necessita, urgentemente, recuperar o sonho da radicalidade; o grande entusiasmo para a união com Deus, a mística, o crescimento na fé, o caminho da Iluminação; e também muita generosidade e ousadia para anunciar o Evangelho e promover a vida.

Os(as) religiosos(as) renunciam a muitos aspectos da vida leiga, como a possibilidade de companheira(o), filhos, família, profissão, salário pessoal, projetos individuais de trabalho e de moradia. Tudo isso custa muito, e nem sempre a gente consegue ser fiel em todos os aspectos. Por vezes, volta-se a cultivar aquilo a que já se havia renunciado. Buscam-se as melhores chances profissionais para envaidecimento pessoal, acumulam-se muitos bens, experimenta-se uma vida solitária e individualista. Todas essas incoerências diminuem a força de testemunho da vida religiosa. Em contrapartida, é bom saber que não se alcança a fidelidade no dia da primeira profissão religiosa, mas no correr da existência. As pessoas vão se fazendo consagradas, num processo de crescimento humano e cristão, ao incorporar o carisma do(a) fundador(a) e o jeito de ser religioso.

O específico da vida religiosa não está em primeiro lugar em coisas externas, como a roupa ou o penteado, mas numa atitude de vida. E o fato de ser distintos dos leigos não deve poupar os consagrados de muitos aspectos próprios do ser humano em nosso tempo, como a luta pela sobrevivência, a valorização da subjetividade e da gratuidade nas relações e a busca de novas formas de solidariedade.

A vida religiosa tem sentido. Ela permanece uma forma válida e original de seguir Jesus. E só ele é o Absoluto. Todas as estruturas e instituições criadas pelos institutos só encontram seu sentido e valor como concretizações da resposta ao apelo de Jesus: "Vem e segue-me" (Mc 1,17). Temos o grande desafio de não deixar esfriar o coração, de manter acesa a chama de nossa vocação e retornar continuamente ao primeiro amor (Ap 2,4).

4. Voltar ao essencial!

Ao tocar no tema do seguimento de Jesus, estamos voltando ao essencial. Cremos que o Espírito Santo fala ao coração dos cristãos e concede seus dons em profusão. É fundamental, nos dias de hoje, maior contato e ajuda mútua entre as distintas formas de viver o seguimento de Jesus. Cada um ensina e aprende, com seu jeito de viver o Evangelho. Aumenta a parceria na missão, entre religiosos(as) e leigos(as). Surgem novas formas de vida consagrada, mais livres e menos formais. A duras penas, luta-se por uma Igreja menos clerical e mais participativa. Uma comunidade de seguidores, com diferentes carismas e ministérios, a serviço da Boa Nova de Jesus.

ABRIR NOVAS TRILHAS

O seguimento de Jesus, como leigo(a) ou religioso(a), continua sendo uma tarefa fascinante. O Senhor nos chama a abrir novas trilhas, aproveitando as velhas estradas dos que nos antecederam. Novos paradigmas se descortinam. Todos somos convocados.

A presença do Espírito do Senhor nos assegura, neste fim de milênio, que não estamos sós, nem sem rumo: "Eis que estou com vocês todos os dias, até a consumação dos tempos" (Mt 28,20). Com Jesus, vamos também nós nos transformando. Como os discípulos de Emaús, nosso olhar se transfigura e nosso coração arde (Lc 24,31s), num fogo que nos consome e nos nutre. Mística e prática se encontram em sua unidade original. A expressão "espiritualidade encarnada" indica essa metodologia unificadora, de forma que sejamos cada vez mais de *Deus*, no mundo e *para o mundo*.

II

ESPIRITUALIDADE E NOVOS PARADIGMAS

Marcial Maçaneiro, scj

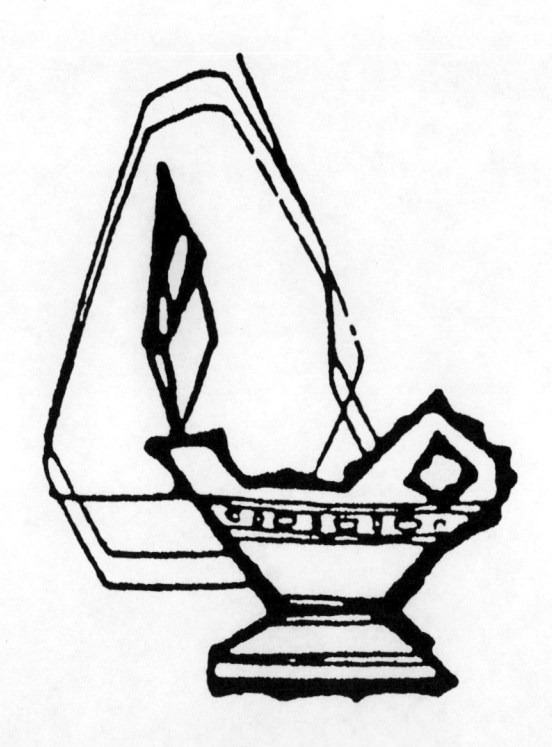

II

ESPIRITUALIDADE E NOVOS PARADIGMAS

Marcial Maçaneiro, sci

UM PASSO A MAIS...

Na primeira parte deste volume, o Irmão Afonso Murad refletiu sobre o seguimento de Jesus; seguimento que implica conhecer Jesus Nazareno, encantar-se e comprometer-se com seu Evangelho. O texto nos mostrou a relação do Mestre com o Pai, sua misericórdia para com todos, a começar pelos pequenos e fracos, e o desafio de segui-lo em constante aprendizado. O seguimento pede transparência de discípulo e dinamismo para caminhar em trilhas sempre novas!

Nesta segunda parte, teremos a oportunidade de dar um passo a mais: explorar os caminhos abertos pelos novos paradigmas culturais. Afinal, também nos horizontes da pós-modernidade devemos abrir estrada, como cristãos e cristãs. Hoje, fala-se muito sobre holística, subjetividade, corpo e cosmos. Mais que curiosidade passageira, esses paradigmas revelam desejos profundos que, latentes no coração humano, agora aparecem de forma provocadora. A terra muda de nome e se torna Gaia; a mulher se redescobre, como uma Vênus renascida; a subjetividade procura superar a fragmentação por meio de novas terapias. Estamos na era da ecologia, do pluralismo e da globalização. Uma nova sensibilidade ética e mística se eleva e se espalha pelo planeta, como bruma envolvente!

Como compreender esse novo momento humano? O que significam para a fé os paradigmas emergentes? Que luzes a mística cristã pode oferecer? Estas são as interrogações que abordaremos agora, em quatro tópicos: 1) o que são os paradigmas; 2) os novos paradigmas em interação com a mística cristã; 3) Jesus Cristo como referencial para esse contexto; 4) dicas para dinamizar a espiritualidade hoje. Peça a luz do Espírito Santo e aproveite ao máximo!

I
UM TEMA INSTIGANTE

1. O que é "paradigma"?

"Paradigma" é um termo de origem grega e significa "tipo" ou "padrão". Usamos essa palavra para indicar os grandes modelos *culturais* que inspiram a vida, em suas dimensões de conhecimento, arte, ideologia etc. Na estética, por exemplo, que é o campo da beleza e da arte, temos o paradigma clássico, com pinturas e esculturas inspiradas no estilo greco-romano, em linhas exatas, de acordo com a realidade evidente (que se vê). Mas há também o paradigma surrealista, mais ousado, com pinturas enigmáticas, revelando coisas e sentimentos nem sempre evidentes, que se escondem na percepção subjetiva do artista. No caso da ciência, temos o paradigma da análise, que divide a realidade em partes para compor um conhecimento especializado de cada fragmento. Esse paradigma inspirou a organização das ciências em diferentes especialidades. Outros, porém, querem superar as especialidades e defendem um paradigma globalizante, juntando cada parte do saber num conhecimento mais integral.

Os paradigmas funcionam como *linhas de fundo* ou *moldes*, que "modelam" nossos esquemas mentais e nossa visão de mundo. As teorias e práticas são o que são, porque existe um paradigma que define seu rosto. Isso vale até para as coisas mais simples, como o formato de automóveis e eletrodomésticos: anos atrás, dominava o paradigma do quadrado, com carros e aparelhos quadradinhos, de linhas retas e fechadas em ângulos. Mais recentemente, temos o paradigma do círculo: carros e aparelhos arredondados, em linhas curvas, com outra aerodinâmica. O mesmo acontece com a psicologia, a educação, a política, a medicina, a teologia etc.: todas têm suas linhas modeladoras, seus paradigmas.

2. Horizonte em movimento

Os paradigmas dinamizam toda a cultura, influenciando o conjunto da realidade de um sujeito, um povo, uma categoria, uma ciência ou ideologia. É como se estivéssemos diante de um largo horizonte onde se desenham vários "modelos de vida". As linhas se tocam, se cortam, se movimentam aqui e ali, formando estilos diferentes. Os paradigmas são assim: esboçam nossa identidade de pessoas, de grupo, de partido, de religião.

Às vezes, eles nos envolvem sutilmente, pois estamos inseridos neles sem perceber. Há casos em que servem para aprimorar nosso conhecimento, fazendo-nos entender melhor a realidade. Outras vezes, podem assustar e nos deixar perplexos, porque nosso olhar ainda é tímido e restrito para perceber a extensão do horizonte que se abre. Essa perplexidade acontece especialmente no caso de paradigmas novos, em fase de amadurecimento, e por isso mesmo encarados de modos diversos: às vezes com simpatia; outras, como um desafio ao nosso ser cristão, provocando suspeita e insegurança. Isso ocorre especialmente se a novidade desinstala os paradigmas que já estavam fixos em nosso interior.

3. O novo que provoca a fé

É compreensível que linhas de pensamento mais recentes dêem origem a paradigmas novos: a globalização, o feminino, a Terra-mãe e outros. São novos porque trazem elementos inéditos, ou porque reeditam, com novo rosto, algumas percepções antigas. É o caso do paradigma ecológico: já presente na sabedoria bíblica e na espiritualidade franciscana, hoje se oferece a nós com outras coordenadas, abrangendo desde a educação infantil até as mais inovadas técnicas de preservação do meio ambiente. Podemos até falar de uma "mística ecológica" que envolve centenas de pessoas e instituições, como uma rede estendida sobre o planeta[1].

Esses novos paradigmas exigem de nós, cristãos, um olhar atento. Como dissemos antes, eles podem causar perplexidade, mas não significam um xeque-mate à espiritualidade cristã, nem o fim daquilo em que cremos. O Evangelho nos lembra que também no contexto de novas expressões da cultura humana podemos "discernir os sinais dos tempos" (Mt 16,3). Ainda que nos choquem ou nos provoquem, os novos paradigmas nos dão a oportunidade de *rever nossos esquemas e linguagens, tendo em vista uma fé mais lúcida e consistente, que tenha algo a dizer ao mundo, hoje e no futuro.*

4. Qual será a atitude cristã?

Nossa fé, em séculos de caminhada, aprendeu a ouvir o mistério de Deus em muitas palavras e eventos: a criação, o êxodo, os mandamentos, os profetas, o messias Jesus, os már-

---
1. N. Unger, *O encantamento do humano — ecologia e espiritualidade*, Loyola, São Paulo, 1991. Também I. Bradley, *Dios es verde — cristianismo y medio ambiente*, Sal Terrae, Santander, 1993 (tradução do original inglês *God is green*, Darton L. and Todd, 1990).

tires, a comunidade orante. Por trás dessas palavras está a Palavra definitiva, o Verbo; por trás desses eventos salvadores, o paradigma bíblico da Aliança. Se em tudo isso reconhecemos a voz de Deus, o Senhor do tempo e dos corações não poderia nos falar também nas vozes inéditas que hoje ouvimos? Os recentes paradigmas dizem algo à nossa fé? Se dizem, como a espiritualidade cristã pode responder ao novo que surge?

É bom lembrar que o seguimento a Cristo é histórico e processual, continuamente interpelado a renovar seu dinamismo, trazendo à memória suas raízes e, ao mesmo tempo, discernindo o hoje de Deus no desenrolar da história humana. No que toca a nossas raízes somos de fato *radicais*, ou seja, enraizados no Evangelho[2]; mas no que se refere ao nosso estar no mundo somos *peregrinos em travessia*, sempre atentos em discernir rumos e encruzilhadas.

Exercitamos a autêntica "contemplação cristã" quando *trazemos à memória as raízes* e *discernimos os novos sinais dos tempos*. É assim, em desafiante contemplação, que os novos paradigmas se descortinam diante de nossa perplexidade, como **matrizes** de novidades ainda em processo, como novos **areópagos** para o anúncio do Evangelho, e como **passagens** inevitáveis que nos fazem repensar a fé em outro lugar, à semelhança das "páscoas" já vividas na história do Povo de Deus[3].

---

2. A palavra "radical" vem do latim *radix*, "raiz". Ser cristão radical, ou viver a fé com radicalidade, significa viver a fé com raízes, ou desde as raízes. Quem cultiva uma fé *enraizada* no Evangelho pode sorver a seiva do Espírito e produzir frutos abundantes (cf. Jo 15,1-6).

3. Assim escreve V. Codina: "... poderíamos traduzir operativamente novos areópagos por novos paradigmas culturais, ou seja, estas novas matrizes onde se move e se expressa vitalmente o modo de pensar e sentir de nossos dias. Mais concretamente, o mundo da cultura moderna e pós-moderna, com todas as suas ambivalências e contrastes" (*La misión de la vida religiosa ante los nuevos areópagos*: redação provisória e inédita, Santa Cruz, Bolívia, 1996). Lembramos ainda que "páscoa" vem do hebraico *pêssah*, que significa não apenas "passagem", mas "salto".

5. Matrizes, areópagos e passagens

Os paradigmas têm função de **matrizes** (do latim *matrix*, "genitora", "mãe") por serem núcleos geradores, berço de coisas novas, úteros culturais. Cada paradigma funciona como um caldeirão aquecido ao fogo, com ingredientes antigos mesclados a elementos recentes, numa mistura ímpar, gerando algo novo. Localizar um paradigma nos permite identificar as experiências ali contidas e conhecer as doses certas da mistura. Os paradigmas organizam as experiências a partir de grandes referenciais, ajudam a interpretar os elementos implicados e nos possibilitam compreender o resultado final da mistura. Nesse sentido, não seria exagero admitir que, em termos de grandes modelos culturais, os paradigmas geram a própria humanidade.

Outras vezes, os paradigmas são como **areópagos**: lugar privilegiado dos anúncios, discussões e debates. "Areópagos" eram palcos públicos, na antiga Grécia, onde todo mundo tinha direito de falar o que pensava, para criticar o que estava estabelecido e dizer tudo de um jeito novo. O mesmo verificamos com os paradigmas. Um paradigma novo provoca uma linguagem nova: releitura do que já se disse, novos termos para expressar a realidade, ampliação semântica, criatividade nos vocabulários. É o que nos propõe a nova evangelização. Quando planejamos evangelizar com "novas expressões", estamos admitindo a possibilidade de anunciar Jesus Cristo com diferentes linguagens e recursos.

Isso já aconteceu uma vez, quando o cristianismo deixou a sinagoga judaica e foi à praça das cidades gregas: o contexto pagão e helenista funcionou como areópago da palavra cristã. A comunicação da fé se encarnou nesses espaços, com novas palavras e sotaques, a tal ponto que as Escrituras cristãs chegaram até nós em grego, o idioma dos centros culturais helenistas como Éfeso, Atenas, Corinto e Alexandria.

Hoje chegou nossa vez. Os paradigmas oferecem dezenas de "areópagos": a mídia, o pluralismo cultural, a ecologia, as novas ciências etc. Eles não anulam o anúncio do Evangelho. Ao contrário: provocam a evangelização de modo inovador, pedindo "novas edições" da teologia, das pregações, da ética e da hermenêutica cristãs.

Finalmente, os paradigmas nos convidam ao deslocamento: **passagem** de um lugar já domesticado para outro inédito. Assim é que acontecem todos os êxodos, e somente com êxodos podemos alcançar a terra prometida, conhecendo-a e estabelecendo ali nossas tendas. Se quisermos dinamizar a fé (mais ainda, a espiritualidade) no encontro com novos paradigmas, tomaremos nossa bagagem própria e nos deslocaremos para o novo, o provocador, o inédito.

A categoria da *passagem* é muito sugestiva, porque nos lembra que o cristianismo só caminha à base de contínuas páscoas. Não nos esqueçamos de que a experiência pascal é *passagem* e de que a itinerância evangélica é um traço do próprio Jesus e de seus discípulos. Um exemplo: se pensamos a criação a partir do Gênesis, hoje somos convidados a tomar nossa doutrina da criação e nos deslocar até o atual pensamento ecológico, para ali estabelecer nossa tenda e, neste novo lugar, dar uma contribuição significativa. É o que faz, hoje, a teologia da criação, com uma reflexão criativa, atenta ao Deus Criador e ao papel do ser humano num planeta em crise. O mesmo acontece com outros elementos da fé cristã: o modo de celebrar sacramentos, a questão da mulher, os valores éticos, o papel de leigos e religiosos etc. Os paradigmas oferecem "novos endereços" para nossa experiência de Deus, compreensão da Bíblia e prática pastoral.

6. Coisas novas e antigas

No que se refere à espiritualidade, a questão dos paradigmas é instigante — para não dizer inspiradora, em muitos casos —, pois a própria espiritualidade cristã também se situa em determinado lugar e cultura. Se as teorias e práticas se moldam segundo paradigmas, o mesmo acontece com a espiritualidade: além de ela se situar em determinado modelo cultural, poderá ser interpelada a novas expressões à medida que mudem os paradigmas vigentes.

Num ou noutro caso, importa examinar a *identidade cristã* da espiritualidade (suas fontes e valores essenciais) e ver *como essa identidade se articula com o horizonte paradigmático em que ela mesma se move* (seja esse horizonte marcado por paradigmas antigos e estabelecidos após longa maturação cultural, seja ele palco em que se descortina um novo cenário, com paradigmas inéditos e, por isso, extremamente desafiadores em seu primeiro aparecimento).

Foi assim que aconteceu quando a comunidade cristã deixou a Palestina e se instalou em terras pagãs: primeiro no mundo helênico, com sua agilidade mental e suas filosofias; depois no mundo latino, dominado pela velha Roma, com seu estilo organizativo e jurídico. Desde então o cristianismo revela traços plurais, porque muitos foram os horizontes em que se moveu: o paradigma judeu-palestinense, o helenista, o latino, e assim continua até hoje, quando nos propomos a enraizar a fé nos paradigmas da cultura asiática, africana ou ameríndia. Diga-se o mesmo das muitas espiritualidades: embora todas professem o mesmo Cristo, mostram-se proféticas ou ingênuas, encarnadas ou intimistas, com visão integral do ser humano ou cheias de dualismos, umas de inspiração pascal, outras doloristas. Há paradigmas diferentes também nas escolas espirituais.

Repensar a fé diante dos novos paradigmas significa encontrar *novas configurações e expressões em espiritualidade*, dando perfil novo e significativo a um rosto já clássico e secular. Não se trata de abrir mão de valores legítimos, nem de empobrecer injustamente a fé, mas de cultivar a "contemplação" a partir de nossa inserção nos recentes horizontes paradigmáticos, para vivenciar o Evangelho em novas matrizes, areópagos e passagens. Uma nova configuração não significa o desprezo da tradição, a renúncia do essencial ou a extinção da Palavra. Significa, antes, a arte de estabelecer tenda em outros endereços e ali "tirar do baú coisas novas e antigas", com sabedoria e discernimento (Mt 13,52) — obra certamente iluminada pelo Espírito de Deus, que nos ajudará a descobrir novas faces do profetismo e do testemunho que tanto prezamos.

7. Alguns deslocamentos em espiritualidade

Recentemente, houve alguns "deslocamentos" na marcha da espiritualidade, com novos acentos e perspectivas, tanto no âmbito pessoal como em grupos e movimentos. Está sendo moldada uma nova fisionomia da espiritualidade cristã, com traços distintos da espiritualidade que caracterizou os anos 70-80. Num primeiro momento a constatação de tais mudanças vem acompanhada de receios e até de certo sentimento de perda por parte de alguns. Mas, como tudo o que está sendo gestado necessita de tempo para maturação, até revelar seu verdadeiro rosto, o desenrolar dos fatos mostrará melhor o que deverá nos inquietar e o que deverá nos apaixonar... Enquanto a marcha prossegue, colhemos dados para uma visão equilibrada do processo em curso. Vejamos, então, alguns deslocamentos significativos:

— *Do êxodo ao exílio*: passamos de uma situação de clareza de objetivos (terra prometida) e estratégias (saída do Egito e travessia do deserto) para uma situação de receios e perplexidades, até mesmo de desgaste da esperança, num império contrário ao Reino de Deus, repleto de injustiças e idolatrias. Vivemos a fé numa terra estranha. Vivemos no *exílio*. Acentua-se na espiritualidade o acrisolamento profundo das motivações e a graça de "esperar contra toda esperança" (Rm 4,18).

— *Da grande libertação às pequenas libertações*: no exílio se reforça a comunidade como lugar de persistência e memória das gestas misericordiosas de Deus. Ali se experimenta a Libertação nas libertações cotidianas, nos pequenos projetos, na solidariedade localizada, possível e eficaz. Ao mesmo tempo, procuram-se meios de uma presença pública da fé, capaz de testemunhar seus valores, mesmo na contramão[4].

— *Do profético ao sapiencial*: o profetismo se caracteriza pela "megacrítica": crítica da realidade, denúncia dos desvios e mentiras em âmbito coletivo e global (pecados estruturais, idolatrias ideológicas, abusos de poder...). Hoje, ao profetismo se une a *sabedoria*: a capacidade de *saborear* o cotidiano, com esperança e "microcrítica": um olhar de fé lançado aos pequenos fatos, às iniciativas mais localizadas, com práticas e resultados viáveis. A crítica se alia à intuição, o julgamento à esperança, o profeta ao sábio[5].

— *Do político-ideológico ao político-cultural*: trata-se da descoberta da identidade cultural do *outro* — negro, indígena, jovem, migrante ou mulher. A identidade cultural situa o pobre no horizonte de sua história, seus valores, suas belezas e capacidades. Este enfoque articula libertação e inculturação, purificando a práxis de equívocos e possibilitando novas iniciativas: centros comunitários, ONGs, conquista da cidadania como direito de todas as culturas, parcerias em prol dos direitos humanos, geração alternativa de renda etc. Estimula-se uma *cultura da solidariedade e da ação cidadã* como estratégia de inserção e influência na organização da *pólis* (ordem política).

— *Do logos ao eros*: a novidade do momento e a perplexidade do exílio nos assustam e desconcertam. Os projetos são avaliados e as estratégias, readequadas. Nossa capacidade de compreender e projetar a realidade (o *logos*) sofre crítica e

---

4. Estes dois primeiros "câmbios" são tratados por V. Codina, op. cit., p. 6.
5. Cf. V. Codina, "A sabedoria das comunidades eclesiais de base da América Latina", in *Concilium* 254, n. 4 (1994), pp. 105-106.

revisão. Contudo, permanece o encanto e o desejo do Reino. Assim age o *eros* — dinamismo de vínculo e criatividade, que abre espaço ao simbólico, à poesia e à beleza. Mesmo no exílio, fazemos festa e celebramos nossas memórias. O eros humano torna-se lugar do Espírito, que educa nosso desejo na direção do bem e da verdade, possibilitando projetos novos e vindouros[6].

Essas mudanças acompanham passo a passo o advento da pós-modernidade. A atenção recai, agora, na subjetividade, no cotidiano imediato e na intensidade prazerosa do viver. Certamente os sinais são ambíguos, e muitas pessoas se perdem no meio do caminho, caindo no subjetivismo e no hedonismo, sem projeto de vida definido, nem opções éticas claras.

Em contrapartida, cada deslocamento indica uma experiência real na vida contemporânea. A valorização da interioridade pessoal mostra o desejo que todos sentimos de ser sujeitos de nossas experiências e escolhas (subjetividade como espaço de decisão e de assimilação das experiências). A busca de vivências intensas, momentâneas e prazerosas indica que o *stress* está perto do insuportável. Além disso, as necessidades imediatas são tantas, que falta energia para manter projetos de longo prazo. A emergência do eros, por sua vez, revela a decepção diante da modernidade racionalista e cientificista, que prometeu progresso mas trouxe fome, exclusão social e crise ecológica. Hoje as pessoas têm sede, não só de pão, mas de beleza![7]

Ao mesmo tempo que essas mudanças provocam crise, emerge pouco a pouco uma nova sensibilidade ética, estética, religiosa e planetária. Estes sinais pedem um olhar atento, misericordioso para com as carências humanas e lúcido no discernimento.

---

6. Cf. M. Maçaneiro, *Mística e erótica*, 2ª ed., Vozes, Petrópolis, 1996.
7. Como diz o poeta latino-americano J. C. Mariátegui. Cf. M. Maçaneiro, op. cit., p. 13.

8. Critérios para uma verificação cristã

Podemos lançar algumas luzes sobre o momento presente, na tentativa de distinguir o joio do trigo. O Novo Testamento nos sugere alguns critérios de discernimento:

a) *Deus não reina desde as alturas, mas desde a Tenda na qual habita e peregrina em meio ao povo*: este primeiro critério lembra a presença do Reino entre nós e a encarnação do Verbo na humanidade. Portanto, não há duas histórias, uma de Deus, outra nossa, mas uma única história: a de Deus-conosco, que faz da trajetória humana verdadeira história de salvação. Tudo o que toca à liberdade e à vida humana toca o projeto salvador de Deus (cf. Jo 1,14).

b) *A misericórdia e a justiça são "sinal e presença" do Reino de Deus*: permanece urgente a prática das bem-aventuranças e a promoção da vida, para além de todas as fronteiras e exclusões (cf. Mt 25,40). Testemunhar a misericórdia de Deus significa identificar os mecanismos de injustiça e oferecer respostas evangélicas criativas, com novas estratégias, meios e prazos.

c) *O pobre, o órfão, a viúva, o peregrino e a estéril são os prediletos de Deus*: predileção significa os que são amados por primeiro (*pre-dilecti*), porque são os mais carentes de vida e misericórdia. Permanece, portanto, o convite a um renovado amor pelos mais carentes e excluídos (cf. Lc 10,30-37). O contato com estes "últimos" nos educa evangelicamente, tendo em vista uma fé que consiga responder à miséria com ética e iniciativas.

d) *O Reino de Deus cria fraternidade e educa a humanidade à convivialidade irrestrita*: o horizonte último do Reino é a "comunhão", traço da Trindade e fruto de todas as Alianças. A convivialidade se estabelece entre todas as raças e culturas, com a natureza e na co-responsabilidade pela manutenção da vida cósmica e humana (cf. Gl 3,28).

e) *A beleza da criação já festeja antecipadamente o futuro do mundo, que é ser jardim onde Deus e a humanidade caminham juntos*: somos chamados ao testemunho alegre da fé, que passa pela via da beleza e da contemplação, da esperança inabalável alimentada pela memória da Páscoa do Senhor, início dos novos céus e da nova terra (cf. Ap 21,1-3).

Esses critérios ajudam a avaliar os anseios humanos e as propostas recentes, no que se refere à justiça, fraternidade planetária, preservação da natureza e inserção no cosmos.

II
ESPIRITUALIDADE CRISTÃ E NOVOS PARADIGMAS

No encontro com novos paradigmas, a espiritualidade cristã revisita sua secular bagagem, para destacar elementos tradicionais com brilho novo, interagir com o contexto que a desafia ou, ainda, tematizar certas questões recentes, já intuídas mas pouco refletidas. Em todo o caso, a atitude será sempre lúcida, dialogal e consciente dos critérios norteadores da fé cristã. Destacamos, aqui, sete paradigmas. Cada um toca a espiritualidade cristã de modo peculiar, convidando ao discernimento e oferecendo ocasiões para uma contribuição criativa.

1. Subjetividade: Deus nos habita e nos liberta

A *subjetividade* é o que qualifica um "sujeito". Pode ser entendida como o espaço interior, pessoal e profundo, em que o sujeito assimila suas experiências, acolhe-as e as interpreta. "Experiência subjetiva" não significa ilusão ou irrealidade. Significa simplesmente que alguém é "sujeito das próprias experiências", devendo com isso aprender, discernir e tomar decisões a partir do que vivenciou. Examinar a si mesmo e acolher-se interiormente deve ser estratégia de *aprendizado humano* e *amadurecimento pessoal*. Os equívocos acontecem quando se encara a subjetividade como destino final das experiências, aprisionando o sujeito em seus próprios nós, o que constitui fechamento e narcisismo.

Num mundo cansado e sem a segurança dos antigos esquemas, muitas vezes a subjetividade parece o melhor refúgio para os desejos e afetos, acolhendo um mundo secreto de temores, máscaras e pequenos ídolos. Muitas pessoas alimentam-se de receitas orientalistas e esotéricas na esperança de autoconhecimento e cura. Buscam a *renovatio* (renovação total de si mesmas) à semelhança da Fênix, a ave mitológica que renascia das próprias cinzas. Afinal, os espaços exteriores e objetivos, que outrora nos ofereciam aprendizado e humanidade, estão atualmente em crise e câmbio de modelos. É compreensível a força deste paradigma, que influencia a sensibilidade religiosa e afetiva da pós-modernidade.

Mas o grande fruto das experiências subjetivas é o aprendizado que elas nos proporcionam: fazem-nos conhecer melhor a nós mesmos, revelam luzes e sombras de nossa interioridade e educam a afetividade. Ou seja: nossa interioridade profunda tem papel pedagógico na edificação da personalidade. A subjetividade, portanto, não é um compartimento hermético, isolado dentro de nós mesmos, mas interioridade que — integrada sadiamente — faz do sujeito uma *pessoa*: "sujeito em relação", capaz de partilhar seu mistério pessoal no encontro com o outro[1]. Dizendo de outra forma: a subjetividade nos constrói à medida que nos humaniza. E isso implica educar-se para a relação, para a sensibilidade diante do *outro* — seja esse outro uma pessoa, um ideal, o pobre, Deus seja a natureza. Essa abertura à relação tem papel decisivo em qualquer projeto de vida que pretenda alcançar realização e felicidade.

---

1. Cf. A. García-Rubio, "O novo paradigma civilizatório e o conceito cristão de pessoa", *REB* n. 222 (1996), Petrópolis, pp. 275-307.

A mística cristã é muito cuidadosa quando se trata da subjetividade, para não prender Deus em nossas próprias amarras. Se Deus "é mais íntimo a mim que eu mesmo" — como diz santo Agostinho —, é assim para me libertar de meus engodos e caprichos.

Deus reside em nosso íntimo, com toda a certeza. Jesus mesmo o afirma: "Eu e o Pai viremos a ele e nele faremos morada" (Jo 14,23). E são João da Cruz fala que Deus habita nosso *centro*, estabelecendo conosco um encontro secreto:

"Oh, chama viva de amor,
que ternamente feres
de minha alma o mais profundo centro!
Pois não és mais esquiva...
Acaba já, se queres,
ah, rompe a tela deste doce encontro![2]

Habitando-nos na intimidade, porém, Deus permanece sempre *outro*: vive em nós não para dormir em nossa subjetividade, mas para nos ensinar a viver nele, educando-nos para uma vida ao sabor da Trindade — relação, comunhão e partilha. A afetividade madura e a prática da fraternidade revelam uma subjetividade sadia e consistente, capaz de praticar os valores evangélicos. A justiça e a misericórdia são guardiãs dessa saúde interior, que faz do místico uma pessoa de extrema profundidade e de extrema solicitude pelos outros:

"As chaves do amor são cobertas com o ouro dos pensamentos, suspiros e prantos;
seus laços são trançados com consciência, contrição, devoção e penitência;
e o porteiro são a própria justiça e misericórdia" (Raimundo Lúlio)[3]

---

2. João da Cruz, "Chama viva de amor", in *Obras completas*, Vozes, Petrópolis, 1984, p. 37.
3. Você pode conhecer melhor Raimundo Lúlio por meio de sua obra *O Livro do Amigo e do Amado*, Loyola, São Paulo, da qual extraímos este texto.

Um dos sérios desafios da espiritualidade cristã é trabalhar o enigma da subjetividade sem se perder no caminho. Pessoas fragmentadas, com coração ferido e sem estima necessitam ser atendidas de maneira adequada. Seguir um itinerário espiritual implica considerar atentamente a subjetividade: de um lado, o papel terapêutico da fé, abrindo brechas à graça, restaurando os sujeitos cansados e sem beleza; de outro, a contínua afirmação de Deus como alteridade que me supera e educa, que me habita mas é maior que eu mesmo. Temos aqui outro espaço de atuação, que pede uma atenção equilibrada dos cristãos, especialmente dos que se dedicam à orientação espiritual, pastoral e psicológica.

2. Corpo

O corpo veio e ficou. Multiplicam-se as academias de ginástica, a oferta de cosméticos e o uso do físico pela mídia. Também no campo terapêutico o corpo é valorizado, com novas abordagens em medicina que favorecem o equilíbrio de energia, a superação do *stress*, o encontro entre o emocional, o psíquico e o biológico, assumindo o corpo como lugar da cura, da saúde, da restauração psicossomática.

No entanto, por mais contraditório que pareça, ainda perduram os dualismos: a tentação gnóstica de achar que só o intelecto produz conhecimento; o incômodo da feiúra, que contrasta com o "corpo belo" das telas e passarelas; a separação entre afeto e sexo, que revela o dualismo entre corpo-físico e coração-emocional; certos vôos esotéricos que, sutilmente, querem fazer das pessoas um ser etéreo, como se tivessem uma carne apenas aparente; os moralismos desequilibrados que suspeitam de tudo o que vem do corpo, como o prazer e o êxtase; e as formas de religião que não integram o corpo, pois o vêem somente como prisão da alma. Esta situação tem merecido o olhar de educadores, psicólogos e sociólogos. E, ao que indica, mostra uma enorme tarefa para a humanidade:

compreender-se! Até que, um dia, em algum contexto cultural, possamos nos reconciliar com o corpo, sem preconceitos ou avaliações equivocadas.

Nestas linhas não será possível concluir a questão. Ao contrário: é oportuno admitir que o tema do corpo está em vivo amadurecimento — fato que nos possibilita partilhar algumas percepções.

Em primeiro lugar, entre diversas tendências, sentimos o desejo de uma abordagem humanizante e equilibrada do corpo: nem ídolo, nem carne barata; nem demoníaco, nem manipulado como massa destinada apenas ao impacto visual. Ou seja: passar do corpo-propriedade ao corpo-subjetividade. Os discursos ainda são de posse: "meu corpo", "tenho um corpo". Se tentarmos inserir aqui a idéia de alma ou espírito, não iremos longe... Apenas inverteremos o proprietário: "meu corpo tem alma", "meu físico possui espírito". Talvez necessitemos amadurecer o conceito de *subjetividade*, para superar a abordagem de posse e elaborar uma visão humanizada do corpo.

Subjetividade é o que torna alguém *sujeito*: capacidade de perceber-se por fora e por dentro, assimilando experiências a partir de uma interioridade sadia, ao mesmo tempo profunda e aberta à relação com o outro e o mundo. A categoria *subjetividade*, assim, aproxima corpo e espírito, matéria e mente, ato e atitude, exterioridade e interioridade.

Um exemplo nesse sentido — que supera a contradição dos dualismos e preconceitos — é o caso de algumas vivências arquetípicas do ser humano: aquelas em que a pessoa está inteira, num estado de envolvimento pleno, sem dualismos ou divisões. Citamos cinco dessas vivências: a dança, o esporte, a relação amoroso-sexual, a criação da arte, a adoração[4]. Exami-

---

4. Cf. F. C. Fontanella, *O corpo no limiar da subjetividade*, Unimep, Piracicaba, 1995, pp. 21-22. Em nossa reflexão pessoal, acrescentamos a adoração e incluímos, no esporte, também a brincadeira, o lúdico, típico das crianças e do lazer gratuito.

nando atentamente, vemos que — nestes casos — é um *sujeito pleno* que age, não apenas a carne animada pela alma, ou uma inteligência que sugere movimentos... É um *sujeito*, no que há de mais inteiro, que dança, salta obstáculos e brinca, se une sexualmente, pinta um quadro e se prostra em adoração, a tal ponto que o corpo deixa transparecer sua interioridade, tanto quanto a alma se diz nas expressões físicas: simbiose, translucidez, comunhão. Nessas vivências transparece a subjetividade una, de modo que estrutura física e estrutura emocional interagem harmonicamente: a sensação de prazer, o mistério adorado, a emoção da vitória, o fascínio pela beleza, o êxtase explosivo. Os olhos brilham e o corpo dança com *personalidade*, com qualidade de pessoa. Tudo é uno!

Certamente, o corpo permanece desafiador: é limite, rigidez, dor, fome. Mas se tornam visíveis sua beleza e dignidade, já que ele é translúcido, porque é mais que corpo-posse. É corpo-sujeito. Não apenas "o-corpo-que-eu-tenho", mas "o-corpo-que-sou": somos corpo! À medida que a subjetividade amadurece, faz no corpo seu aparecimento, comunicando-se, criando, amando, numa síntese que envolve toda a pessoa (sentidos, emoção, inteligência, gestos) e alcança a outros sujeitos. Essa síntese não se garante com treinamento, nem com disciplinas. Ela brota do *centro*: o cadinho interior, intuitivo, alquímico. *Centro* que, estando no corpo, salta ao infinito e manifesta o infinito no corpo. Por isso o corpo-subjetividade é sempre original e inédito. Não se repete, nem se desune.

Essa experiência podemos encontrar nos dançarinos, nos atores, nos esportistas, nas crianças, nos amantes e em diversos testemunhos místicos. Lembramos a experiência de Teresa de Ávila que, em êxtase, sentiu um dardo de fogo atravessando seu coração: seus afetos queimavam numa "dor espiritual" que envolvia o corpo em "grande parte"[5]. Outra mística, Hadevik de Anvers, assim se expressa, com linguagem ousada:

---
5. Teresa de Ávila, *Exclamaciones*, 16,2.

"Ele (Jesus) se aproximou de mim,
me tomou toda entre seus braços e me estreitou contra si,
e todos os meus membros sentiam o contato dos seus,
tão completamente quanto — seguindo meu coração —
minha pessoa o havia desejado.
Assim fiquei, satisfeita e saciada exteriormente.
Uma sensação externa como a do amante com a amada,
que se dão um ao outro
na plena complacência de olhar, de sentir e misturar-se"[6].

Todo esse patrimônio humano-artístico-místico se abre à nossa investigação e ao nosso sonho. Seria altamente positivo que a teologia prosseguisse no caminho aqui indicado. Além da visão de pessoa humana que a Bíblia oferece (como pessoa una), seguimos uma fé eminentemente *corpórea*: encarnação do Verbo num corpo humano, curas e libertações físicas, Corpo e Sangue eucarísticos, Corpo-Igreja, corpo ressuscitado etc. O Evangelho de Jesus promete mais do que pensamos, rumo a uma experiência cada vez mais humana e humanizante do corpo.

3. Mulher: Vênus renascida?

Segundo muitas opiniões, o principal protagonista dos novos tempos é a *mulher*, feminina por natureza, amante do Jardim e sensível aos sussurros de Gaia — com quem mantém uma solidariedade uterina. Para outros, o papel da mulher é assumir seu lugar-referencial para reordenar todo o emaranhado das relações, dos afetos e da vida social, clareando uma identidade outrora sufocada e ajudando os próprios homens a redefinir sua masculinidade. Nesse caso, o protagonista seria a *humanidade integral*, em suas expressões feminina e masculina. As opiniões são muitas, convergentes ou divergentes. Merecem, contudo, ser ouvidas e estudadas detalhadamente, pois estamos

---

6. Hadevik de Anvers, citada por Tullo Goffi no *Dicionário de espiritualidade*, Paulinas, São Paulo, 1989, p. 1067.

lidando com algo irreversível: o processo de remodelamento da própria humanidade, em sua identidade de gênero. Isso incide sobre a sexualidade, as relações de poder, o diálogo interpessoal, a afetividade, o modelo familiar e a cultura.

A espiritualidade cristã testemunha a presença inequívoca da mulher, a começar pelas personalidades bíblicas, como Míriam, Ana, Susana, Ester, Sulamita, Maria de Nazaré e Maria Madalena, e depois com as grandes mestras Matilde de Magdeburgo, Hildegarda de Bingen, Clara de Assis, Gertrudes de Helfta, Teresa d'Ávila, Teresinha de Lisieux e Edith Stein, para citar apenas algumas. Elas revelam o feminino que mergulha no mistério de Deus e nele se transforma, como a união entre amado e amada:

"Arrasta-me atrás de Ti!
Corramos ao odor suave dos teus bálsamos, ó Esposo celeste!
Vou correr sem desfalecer, até me introduzires na tua adega,
até que tua esquerda esteja sob minha cabeça,
tua direita me abrace toda feliz,
e me dês o beijo mais feliz de tua boca" (Clara de Assis)[7].

Não é de estranhar que as Igrejas cristãs se envolvam nos recentes debates em que o feminino desponta como luz, reivindicação, protesto, ternura ou profetismo. Assim acontece no mundo da teologia, da interpretação bíblica, da moral etc. Se antes a presença da mulher parecia irrelevante, não era por ausência, mas porque o padrão masculino-ocidental a ofuscava, muitas vezes desclassificando as mulheres como pouco significativas para a fé e a produção teológica.

Hoje, Vênus renasce das espumas da modernidade e chega aos continentes nova como nunca. Volta à cena a feminilidade, em suas múltiplas e provocantes faces: bela (Afrodite) e fértil (Ceres); outras vezes destruidora (Medusa) e fatal (Sereia); inspi-

---

[7]. Clara de Assis, *IV Carta*, 28-38.

rando deuses (Radha) ou irradiando sabedoria (Sophia) — uma pequena amostra da extensão desse paradigma[8].

Enquanto amadurecemos no caminho, importa acolher o que o próprio trajeto nos oferece. A espiritualidade cristã poderá retomar, com novas óticas, preciosas pérolas de seu tesouro. É o caso da "mística esponsal" (que retrata a experiência de Deus como o enamoramento do Amado com a amada); dos estilos femininos de consagração (muito corajosos, como as antigas *beguinas* e atuais inseridas); da produção teológica feminina; das fundadoras e reformadoras.

Além disso, temos expressões paradigmáticas muito fortes: a experiência da misericórdia divina como mergulho no "útero" regenerador de Javé (*rahamin*); a Ruah que sopra nas primaveras, desertos e corações; a morena Sulamita do Cântico dos Cânticos (que nos remete à Aliança, ao Jardim, ao dinamismo do eros humano), e o testemunho de inúmeras mulheres nas comunidades, ministérios e pastorais.

4. Terra: a mãe Gaia

Assim como o Jardim é *ícone* (imagem) do Cosmos, surge um novo rosto para a Terra, à imagem de Gaia: a antiga deusa feminina e fecunda, a Terra Mãe, morada de todos os mortais (em grego, *Ghéa*). A passagem da Terra materialmente definida para o paradigma de Gaia indica uma nova relação dos seres humanos com o planeta em que habitamos. A ciência estabeleceu um contato de análise, exploração e domínio com a Terra. Hoje, a Terra é vista como útero de toda vida, solo fértil para plantar e colher, Mãe bondosa que alimenta e regenera. Deixa de ser um planeta anônimo e

---

8. Cf. M. C. Bingemer, *O segredo feminino do mistério*, Vozes, Petrópolis, 1991; E. Johnson, *Aquela que é*, Vozes, Petrópolis, 1995; VV.AA., *O mistério de Deus na mulher*, ISER, Rio de Janeiro, 1990.

explorado e se torna Gaia: objeto de nossa estima e de nosso cuidado.

É interessante perceber, aqui, uma reação de descontentamento com aquela postura instrumental-cientificista que tantos males causou à ecologia; reação de um filho indignado que resolve assumir as dores da Mãe, para lhe recuperar a graça e a formosura. Algo que lembra os velhos alquimistas, para quem a Terra era sobretudo *mãe* (doadora de vida) e *dama* (parceira enamorada)[9]. A Terra é tratada com reverência e gratidão. Essa atitude de zelo pela Terra e por todos os seus elementos, encontramos em Hildegarda de Bingen, mística beneditina do século XII:

"A vitalidade dos elementos terrestres vem do Criador.
É esse vigor que nutre o mundo:
aquecendo, umedecendo, firmando, cobrindo de verde.
Isso acontece
para que todas as criaturas possam germinar e crescer.
Toda a natureza está à disposição da humanidade.
Devemos trabalhar com ela.
Sem ela não conseguimos sobreviver...
Deus deseja que o mundo todo seja puro a seus olhos.
A Terra não deve ser danificada.
A Terra não deve ser destruída".[10]

Voltando às tendências mais recentes, percebemos que a linguagem atual se inspira nos antigos mitos de Gaia e Ceres — deusas femininas. Mas não nos enganemos: por trás das expressões míticas e até certo ponto românticas está sendo gerada uma *relação nova* com a Terra, uma espécie de "mística da Grande Mãe" — em esboço, mas promissora. Estamos teste-

---

9. Para uma abordagem dos novos paradigmas no contexto da alquimia, magia e esoterismo em geral, confira M. Maçaneiro, *Esoterismo & fé cristã — encontros e desencontros*, Vozes, Petrópolis, 1997.

10. Hildegarda de Bingen, *Meditações com Hildegarda de Bingen*, Gente, São Paulo, 1993, p. 88.

munhando um novo despertar da consciência humana, que se vê na obrigação de manter a vida e a fecundidade do planeta.

Não temos aí uma brecha para a Boa Nova? Não podemos contribuir nesse empenho de responsabilidade perante a Terra? Na emergência desse paradigma não estaria a acolhida da Terra como dom, tal qual nos relata o Gênesis? Desse novo sentir não poderá vir uma nova militância ecológica, com efeitos benéficos?

Afinal, nós, cristãos, sempre rezamos: "Vem, Espírito Santo, renova a face da terra!" Segundo o Salmo 104, a Terra se enverdeja com a divina *Ruah*, renovando-se em contínuas primaveras. Logo, a Terra é solo do Espírito, projetada por Deus para acolher as sementes de seu Reino. Havendo ou não clareza a respeito desse recente paradigma, uma coisa é certa: muitas vozes parecem ecoar o que Moisés ouviu: "... tira as sandálias! Esta terra que pisas é santa!" (Ex 3,5).

5. Cosmos: tenda e jardim

O Cosmos voltou recentemente à cena: é tema das ciências, da antropologia e de diversos misticismos[11]. Muito se ensaia e se publica a respeito. Há elementos de reflexão variados, alguns bastante sugestivos[12]. O que contrasta com a visão cristã é admitir o Cosmos como uma entidade autônoma, capaz de gerar-se a si mesma em ciclos contínuos, sem nenhuma referência a um sentido transcendente e sem considerar a intervenção humana nesse processo. Nesse sentido, ao ser humano bastaria mergulhar na corrente energética que circula no Universo, para tornar-se "um" com o Cosmos, numa espécie de macroconsciência sem individualidade.

---

11. Veja, entre outras, a obra de Ted Peters, *O eu cósmico*, Siciliano, São Paulo, 1993.

12. Cf. Frei Betto, *A obra do artista — uma visão holística do Universo*, Ática, São Paulo, 1995.

Para a fé cristã, Deus não se confunde com o Universo. O Criador é maior que o Cosmos, permanecendo sempre Outro: presente, mas misterioso; próximo, mas único em sua divindade; criador de tudo, e maior que tudo. O Universo não captura Deus, porque é Deus que o contém em sua arte de criar e renovar a vida. Quanto ao ser humano, a visão cristã não esquece o poder da liberdade e da inteligência: o ser humano é sempre original, podendo interferir no rumo da história e até na manutenção da vida e do Cosmos (basta lembrar a engenharia genética e os riscos da manipulação atômica).

Preservando-se a *alteridade* absoluta de Deus como Criador e admitindo a *originalidade* do ser humano como criatura capaz de criar e intervir, podemos não só dialogar com as linhas atuais de pensamento, como partilhar nosso empenho pela salvaguarda da Criação. Essa postura mostra em que pontos o cristianismo se distingue de outras tendências, mas ao mesmo tempo oferece uma contribuição cristã para a elaboração do paradigma cósmico, tão emergente. Afinal, a contemplação cósmica tem lugar consagrado na mística cristã.

Desde a antiga espiritualidade patrística, nos primeiros séculos do cristianismo, já se admitia o Cosmos como "palavra de Deus". Essa intuição tem bases sólidas na Escritura: "Os céus narram a glória de Deus, e o firmamento proclama a obra de suas mãos!" (Sl 18,2). A obra revela o Artista, "autor de toda beleza" (Sb 13,3). Deus *diz algo sobre Si mesmo* na natureza, como diz algo de Si na Sagrada Escritura, a tal ponto que "todos os crentes, de qualquer religião, sempre ouviram a voz de Deus na linguagem das criaturas" (*Gaudium et Spes*, 36). A espiritualidade cristã sempre cultivou essa simpatia pelo Universo. Contemplar os astros, perceber o rumo dos ventos, o nascer da aurora e a alternância das estações é experiência que encanta e envolve. O Cosmos fala da beleza e da bondade dAquele-que-é, que a tudo criou e a tudo sustenta[13].

---

13. Cf. S. McFague, *Modelos de Dios — teología para una era ecológica y nuclear*, Sal Terrae, Santander, 1994 (tradução do original norte-americano *Models of God*, Fortress Press, 1987).

Mais que isso, a espiritualidade cristã vê no Cosmos a morada que o Senhor nos preparou. Todo o Universo é contemplado como uma *tenda* em que Deus, homem, mulher e todas as formas de vida habitam, num contínuo convite à comunhão. Existe um vínculo que irmana tudo, desde as formas complexas de vida até a mais rude matéria — verdadeira solidariedade criatural! No Universo encontramos a Deus, conhecemos a Ele e a nós mesmos, e estabelecemos convivialidade, como peregrinos na mesma tenda. Somente inseridos neste espaço de vida e beleza podemos conhecer o Criador e nos aproximar dele chamando-o "Amigo!" — como fazem os caravaneiros nas tendas do deserto.

Um duplo sentimento nos envolve: maravilhamento e responsabilidade. Nós nos encantamos com a Criação e nos sentimos responsáveis por ela. Somos *jardineiros da criação*. Homens e mulheres, Deus nos "colocou no Jardim para o cultivar e guardar" (Gn 2,15). Muitos místicos e ativistas cristãos experimentaram isso. Um exemplo vigoroso é Teilhard de Chardin, sacerdote e cientista: ele pesquisou cada etapa da evolução humana, adentrou nos mistérios da matéria e do psiquismo, investigou o dinamismo do Cosmos e intuiu um destino transcendente para o Universo. Teilhard releu criativamente as páginas bíblicas, do Gênesis ao Cristo Cósmico das cartas de Paulo (cf. Ef 1,9-10). Sem perder o rigor de físico e paleontólogo, compôs uma síntese tão elaborada da visão de mundo que, no auge de sua maturidade, já não distinguia pesquisa e adoração:

> "Prostro-me, meu Deus, diante de vossa Presença no Universo em chamas,
> e, sob os traços de tudo aquilo que encontrarei,
> e de tudo o que me acontecerá, e de tudo o que realizarei neste dia,
> desejo-Vos e Vos espero!"[14]

---

14. Teilhard de Chardin, "Missa sobre o mundo", in *Mundo, homem e Deus — textos seletos*, Cultrix, São Paulo, 1980, p. 192.

O resultado foi uma nova proposta científica, que avançava no estudo da natureza e alertava as consciências para a responsabilidade do ser humano no desfecho da evolução cósmica. Poderíamos citar, ainda, o "Cântico do irmão Sol", em que Francisco de Assis glorifica a bondade de Deus que brilha nas criaturas, e outros autores.

Existe, portanto, uma vertente cósmica já intuída na mística cristã, desde as páginas da Bíblia até os mestres modernos. Não nos cabe apenas distinguir e criticar. Cabe-nos participar do momento atual, oferecendo nossa contribuição. A espiritualidade cristã tem sua dose de responsabilidade na educação de uma humanidade feliz, inserida num Cosmos destinado por Deus a desabrochar em *nova criação*.

6. Interação planetária: a paz em rede

Aldeia global, contatos acelerados pela mídia, organizações supranacionais, correntes culturais em intercâmbio — estes são alguns exemplos da *interação* que estreita as relações no planeta. Seja no campo da economia, das comunicações, da informática; seja no campo da política, do sindicalismo mundial, dos fóruns internacionais, a *globalização* é um fato; e o sistema em *rede*, sua estratégia: linhas diversas se cruzam e amarram interesses. Nem mesmo a religião escapa: o que é a tendência *new age* senão proposta de uma religião global?

A planetarização vai além do mercado e atinge a rede de interesses civis e culturais. Surge o conceito de "cidadania planetária", e os direitos humanos reclamam um novo direito internacional, capaz de garantir segurança e justiça em âmbito mundial. Povos reivindicam terra para estabelecer sua nação. Exasperam-se as diferenças regionais, ao mesmo tempo que se incentiva a unidade e congraçamento dos povos e etnias. A planetaridade interpela também as Igrejas cristãs, as demais religiões, as entidades humanitárias e cada sujeito crente no mundo[15].

No encontro com o paradigma planetário a espiritualidade se volta para a experiência cristã da *reconciliação*. Paulo diz que Cristo estabeleceu uma aliança de alcance universal. Toda a criação (*cosmos*) e todo o mundo habitado (*oikoumène*) são reconciliados na Nova Humanidade. Este é o mistério da reconciliação, que desfaz os muros divisores e nos une como membros do Cristo universal — Cabeça da humanidade redimida (cf. 2Cor 5,11-21).

A reconciliação é um valor espiritual com conseqüências históricas quando as Igrejas, as organizações cristãs e cada fiel individualmente promovem a unidade e a caridade além de qualquer fronteira. O planeta se torna a extensão visível do Reino de Deus. O cristianismo é chamado a estender sobre essa *oikoumène* (humanidade) uma rede de justiça, de solidariedade e defesa da vida[16].

A espiritualidade da reconciliação responde a esse contexto à medida que faz de cada cristão um promotor da justiça e artífice da paz, administrador dos bens para o bem de todos, sinal vivo da cidadania que nos une a todos como Povo de Deus. Temos aqui um novo espaço de profetismo, diante dos interesses injustos que se globalizam para manter privilégios à custa da exclusão cultural, étnica e social. Para a fé cristã, planetaridade significa a abrangência do *shalom* de Deus, que a todos abraça na mesma redenção, superando injustiças e discórdias.

7. Holística: em busca da unidade

A fragmentação que sentimos por dentro não atinge somente os sujeitos. Também as ciências e a compreensão da

---
15. Cf. H. Küng, *Projeto de ética mundial*, Paulinas, São Paulo, 1992.
16. Cf. J. M. SUNG, "Uma leitura teológica do acordo sobre o comércio internacional", *REB* n. 214 (1994), Petrópolis, pp. 304-317; "Deus da vida e ídolo da morte na nova economia mundial", *REB* n. 220 (1995), Petrópolis, pp. 838-850.

realidade sofreram um processo de fragmentação. A modernidade erigiu a razão instrumental e analítica como "matriz" do conhecimento: tudo passou a ser examinado em partes, construindo um saber altamente especializado, porém limitado a cada fragmento. Perdeu-se o ideal do antigo "filósofo da natureza" capaz de compreender a *physis* (Natureza) em sua totalidade. Em vez disso, a razão instrumental inaugurou o império da *téchne*: postura que divide a natureza em departamentos, visando à exploração, com muita técnica e pouca humanização. Aos poucos, aparecem várias formas de dualismos, ainda hoje dificilmente resolvidos...

É o caso dos binômios corpo-alma, terra-céu, espírito-matéria, conceito-símbolo, razão-emoção. Esses termos constituem "dualidades". Mas "dualidade" não significa divisão, dualismo e muito menos oposição. A **interação** espírito-matéria, razão-emoção etc. dinamiza nossa existência e produz sínteses profundas em nosso ser. Os equívocos pioraram quando o *paradigma da análise* se instalou, engordando certas tendências dualistas já presentes na cultura ocidental. As conseqüências desse padrão analítico-divisor foram muitas: divórcio entre racionalidade instrumental e racionalidade simbólica; visão gnóstica que negava os sentidos e emoções em favor de um intelecto puro; rigorismo ascético que desprezava o corpo para conquistar a elevação espiritual; distanciamento entre Igreja e sociedade; bloqueios e patologias na afetividade; desequilíbrio no relacionamento homem-mulher.

Hoje existem reações ao dualismo, em prol de uma visão mais integral e unitária do ser humano, do saber e do cosmos. Essa tentativa de compreender a realidade de modo integral e superar o olhar meramente analítico chama-se *holística* (do grego *hólon* — totalidade ou unidade integral). As ciências dão os primeiros passos para uma antropologia holística, uma psicologia holística, uma medicina holística etc. No momento não há sistematizações acabadas. O pensamento holístico está em fase de ensaio, colhendo a contribuição dos diversos ramos científicos e das religiões[17].

No centro da proposta holística percebemos *a busca da unidade*. A palavra de ordem é "harmonia". Tenta-se refazer a realidade fragmentada, restaurar a afetividade despedaçada, remodelar os relacionamentos, reconciliar os desejos, práticas e escolhas. Essa busca lembra o ideal cristão do "coração indiviso", moldado pelo Espírito para experimentar a vida nova que nos faz criaturas reconciliadas. Aliás, costumamos nos referir a essa "unidade interior" quando tratamos do seguimento de Jesus, da fidelidade a Deus, da vida afetiva e da oração.

Ultimamente tem havido muito empenho em cultivar uma espiritualidade integral e verdadeiramente evangélica. Acreditamos que esse processo pode ser enriquecido com a percepção holística — naquilo, é claro, que contribui para uma vivência cristã fiel à proposta de Jesus. Eis alguns pontos a ser trabalhados: integração do desejo e da liberdade na experiência de Deus; aprendizado de uma nova ascese que considere atentamente o eros humano, o corpo e as exigências do Reino; encarnação do Verbo como superação do dualismo matéria-espírito; valorização da intuição e da beleza no caminho da oração pessoal; cultivo da contemplação integrada à práxis; capacidade de ver a Deus em todas as coisas e discernir sua vontade nas contradições; e amadurecimento das relações interpessoais, especialmente homem-mulher.

O pensamento holístico tende a expandir seu olhar para horizontes cósmicos e transculturais. Enquanto o ensaio prossegue, a espiritualidade poderá investir na *integralidade do sujeito na experiência de fé*, formando discípulos capazes de acolher o Espírito com alegria e saúde e de dar testemunho da fé que nos recria à imagem de Jesus Cristo.

---

17. Cf. C. Tavares, *Iniciação à visão holística*, Record, Rio de Janeiro, 1994. A autora é adepta do pensamento holístico.

III

JESUS CRISTO: ARQUÉTIPO INSPIRADOR

Movendo-nos nesse novo horizonte, um olhar sobre Jesus pode ser revelador! Jesus Cristo continua surpreendendo também na pós-modernidade, enquanto arquétipo inspirador das grandes sínteses humanas. Ele sintetiza a ternura de um irmão, a lucidez de um profeta e a esperança de um messias. Desde sua interioridade de Filho de Deus até sua corajosa atividade pública, ele inspira atitudes de fé mais consistentes e nos ajuda a reler o evangelho com sabor novo. Diante dos novos paradigmas e do desafio que nos apresentam, Jesus se torna referencial para nossas vivências, aprendizados e discernimentos.

1. Interioridade em relação

Jesus revela uma subjetividade sadia, que atravessa as noites, desertos e tempestades em atitude de aprendizado (Mt 4,1-11). Não se perde nas crises, nem se isola no intimismo imaturo. Ele demonstra uma interioridade ao mesmo tempo misteriosa e aberta: centrada em seu mistério pessoal e hospedeira do outro, que ele tanto sabe acolher. É a partir desse *centro* (íntimo e aberto) que Jesus assimila suas vivências: o encontro com as pessoas, os conflitos, os momentos de alegria, os riscos de sua missão etc. Ele equilibra profundidade espiritual e solicitude histórica (Mt 5,1-10). Passa as madrugadas na intimidade do Pai e se mostra disponível a todas as situações dramáticas de dor, exclusão, morte e desumanidade (Lc 9,28-43), a tal ponto que vê nas Escrituras o que nenhum outro mestre via, e prega com originalidade e autoridade: diz que o ser humano é o grande valor querido por Deus, e que o sábado, a Torá, o templo e tudo o mais existem porque a vida humana está revestida de sacralidade, mais que os altares e as leis (Mc 2,27).

2. Inteligência com afeto

Jesus mantém um grande dinamismo de coração e raciocínio: dialoga com diferentes interlocutores, dá provas de alegria ao louvar a Deus espontaneamente, é astuto nas discussões farisaicas, usa o chicote e a palavra com igual destreza (Jo 3,1-12; Mt 11,25; Jo 2,15). Além disso, suas atitudes revelam um equilíbrio psicológico admirável: tem uma masculinidade bem dosada, mostrando vigor, ousadia, coragem de ir além; ao lado de traços afetivos intensos: abraça criancinhas, é sensível à situação das mulheres, cultiva amizades, muda o relacionamento mestre-discípulos privilegiando o lado mais afetivo e pedagógico, chora pela morte de seu amigo Lázaro e é paciente no ensino dos discípulos (Mt 12,1-8; Lc 7,44-50; Jo 11,33-35; Jo 15,15). Masculinidade, em Jesus, significa afetividade resolvida, de modo que ele sabe assimilar em suas ações gestos maternais, de compaixão, empatia, sensibilidade (Mc 6,34; Mc 10,13-16). Isso lhe permitiu cultivar relacionamentos variados, sem perder sua identidade pessoal, nem abrir mão de um projeto de vida cada vez mais exigente. De um lado, extrema humanidade e abertura; de outro, maturidade suficiente para fazer escolhas, assumir limites e enfrentar a cruz (Jo 13,1).

3. Capacidade de reaprender

Jesus tem uma postura de mestre, mas está aberto a reaprender. A cada passo, ele revê o conjunto do caminho e assimila novas percepções. No início de sua pregação, dedica-se apenas ao universo judeu-palestinense. Como bom judeu e galileu piedoso, começa a evangelizar nos limites da cultura e da fé israelita (Mt 10,5). Depois vai visualizando maior universalidade e ultrapassa os horizontes costumeiros (Mt 28,19). Supera a rígida delimitação entre homem e mulher (própria do judaísmo daquela época) e surpreende seus discípulos ao perdoar a adúltera e ao dialogar com uma samaritana, considerada estrangeira e herege (Jo 4,27; 8,2-11). Indo além, Jesus repensa os conceitos de Deus e de religião, e diz que o Pai pode ser adorado em qualquer lugar, desde que seja "em espírito e verdade" (Jo 4,23). Sua linguagem utiliza as tradicionais parábolas, mas o conteúdo ensinado supera o antigo: é inédito, fala com autoridade própria (Lc 15).

Em termos de cultura, Jesus é homem plural: aprende, aos poucos, a ampliar seus horizontes, seus interlocutores e suas extensões missionárias (Mt 25,21-28). Fala com rabinos eruditos, com prostitutas, com crianças, com anciãos importantes, com amigos, com opositores, com Deus e com o próprio demônio (Mc 5,1-9; 7,1-13). Pluralista em sua comunicação, permanece firme como personalidade. Deixa claro que tem identidade e projeto de vida (Mc 11,27-33; 12,28-34).

4. Sensibilidade cósmica

Jesus cultivou ainda uma peculiar sensibilidade pela natureza. Ele não é um teórico da ecologia, mas manifesta atenção e zelo por todas as formas de vida. Como judeu piedoso que era, conhece as páginas do Gênesis e sente a criação não como fato concluído, mas como obra em movimento. Falando do Deus Criador, ele diz: "Meu Pai trabalha sempre!" (Jo 5,17).

Para Jesus, a cada dia o Pai chama as criaturas pelo nome e as convoca à vida: as águas fluem, os animais procriam, os astros retomam seu curso e o ser humano acorda para o louvor de Deus e o cumprimento de suas tarefas. De acordo com a piedade judaica, a criação inteira se refaz de crepúsculo em crepúsculo e de aurora em aurora (cf. Sl 19).

Jesus herdou essa percepção dinâmica da natureza, de tal modo que, para ele, a natureza se torna diáfana, transparente: a beleza da criação faz ver a arte do Criador. Certa vez, ele reclamou da insensibilidade dos fariseus e saduceus, incapazes de decifrar os "sinais dos tempos", pois aquele que treina os olhos na observação do vento, das nuvens e da cor do céu deveria ser hábil em perceber os sinais de Deus na história humana (Mt 16,1-3).

Vendo além dos desertos, Jesus se encanta com as flores e os pássaros e faz dessas singelas criaturas uma parábola da providência divina: "Olhai os corvos; eles não semeiam nem colhem, não têm celeiro nem depósito; mas Deus os alimenta. Considerai os lírios, como não fiam, nem tecem. Contudo, vos asseguro: nem Salomão, com todo seu esplendor, se vestiu como um deles. Ora, se Deus veste assim a erva do campo, que hoje existe e amanhã é lançada ao fogo, quanto mais a vós, homens de pouca fé!" (Lc 12,24.27-28).

Certa manhã, indignado, ele seca uma figueira estéril (Mt 21,18-22). Mas noutra ocasião, misericordioso, diz que é importante saber cultivar: dar atenção, cavar ao redor, colocar adubo e esperar o tempo dos frutos (Lc 13,6-9).

Pássaros e lírios, figos e figueiras! Jesus usa o simbolismo do *jardim* em sua pedagogia, como retrato excelente da Terra, destinada a ser um lugar de convivência, saúde e sustento. É no cenário do jardim que Jesus multiplica o pão dos pobres "sentados sobre a relva verde" (Mc 6,39). O mesmo verificamos na parábola do semeador (Mt 13,4-9) e em várias ocasiões de oração e ensinamento, quando o mestre inicia seus discípulos na intimidade dos jardins: "... Jesus foi com seus discípulos para o outro lado da torrente do Cedron. Havia ali um jardim, onde entrou com seus discípulos... Jesus e seus discípulos se reuniam ali com freqüência" (Jo 18,1.2b). No jardim ele planta seu corpo ferido pela Paixão e brota vivo como um novo Adão. E, uma vez ressuscitado, apresenta-se a Maria Madalena na figura do jardineiro e cultivador (cf. Jo 20,15).

5. O humano em sínteses

Estamos diante de uma pessoa que realiza profundas sínteses: entre sua identidade localizada e seu universalismo, entre o masculino e os traços femininos de afeto, entre o Deus da intimidade e os irmãos da convivialidade, entre os momentos de êxtase e as ocasiões de solidariedade, entre sua interioridade e sua abertura a todos sem restrição.

Contemplando Jesus nessa atitude criativa de sínteses, encontramos um verdadeiro "arquétipo": um tipo *inspirador*, que não só expressa sínteses humanas integradas mas, ao comunicá-las, as ensina e as provoca também em nós. Jesus é *arquetípico*, no sentido em que se revela como exemplo primordial das mais consistentes atitudes. Dizemos "consistentes" (e não "divinas") porque se trata de uma pessoa nitidamente humana e humanizante, que vivenciou um processo de maturação, releitura de suas tradições e assimilação do novo, até chegar à proposta original da Boa Nova.

Essa atitude de síntese faz de Jesus nossa inspiração, quando somos provocados — como ele — à revisão, à retomada do essencial, à redefinição de fronteiras, linguagens e projetos. Jesus continua luminoso e numinoso, num momento em que as transformações são rápidas e exigem de nós maturidade, aprendizado, diálogo e novas configurações da fé.

IV

DINAMIZANDO A ESPIRITUALIDADE

Tendo visto alguns paradigmas recentes e contemplado Jesus como arquétipo inspirador, encerramos este ensaio com sugestões para você dinamizar a espiritualidade.

1. Espiritualidade com mistagogia

Mistagogia é a arte de acolher uma pessoa que adere à fé cristã, inserindo-a e acompanhando-a no *caminho espiritual*. A mistagogia é a "pedagogia do mistério", com tudo o que isso implica: iniciação à fé, aprimoramento da oração, acolhida do Espírito, discernimento, conversão, experiência de vida nova e inserção numa comunidade cristã. O desafio maior não é iniciar alguém no caminho cristão, mas acompanhar essa pessoa ao longo do trajeto. Muita gente participa de retiros e tem vivências intensas de espiritualidade, mas para fazer dos momentos fortes um itinerário é preciso unir os pontos do trajeto e perceber que formam um caminho espiritual em que Deus me acompanha com seu plano amoroso. Exercitar essa sensibilidade, com estratégias adequadas de celebração e acompanhamento, é o que chamamos *mistagogia*.

A mistagogia cristã bebe das fontes da espiritualidade: Palavra de Deus, sacramentos, exercícios espirituais, comunidade orante. Além disso, foi enriquecida ao longo dos séculos com as grandes escolas espirituais e a experiência dos místicos. O seguimento de Jesus tem um caráter mistagógico *contínuo*, que vai desde os primeiros passos até o progressivo amadurecimento. Os orientadores espirituais e pregadores de retiro exercem a função de mistagogos. Mas outras estratégias estão sendo pensadas e organizadas: grupos de oração e partilha, núcleos de vivência e celebração cristã, liturgias mais orantes etc. O espaço está aberto e pode ser incrementado com sensibilidade litúrgica e formação de pessoas para tal missão.

2. Nova vivência dos sacramentos

O contexto que vivemos clama por uma espiritualidade com *sabor existencial*, que possibilite às pessoas uma *verdadeira experiência de Jesus e do Deus Trino*; não apenas uma espiritualidade de lembranças, que comemora a experiência dos apóstolos, de Maria e outros discípulos, mas que dê ao fiel — em seu tempo cotidiano — a oportunidade de experimentar a pessoa do Jesus Amigo e Messias. Os sacramentos, nesse caso, oferecem belas possibilidades: renovação da graça batismal, perdão, confirmação da fé etc., desde que a celebração permita que o sacramento seja o que de fato deve ser: a Ceia eucarística necessita urgentemente ser mais bem celebrada, com a partilha efetiva do Pão e do Vinho para todos, com beleza e profundidade, utilizando-se refrões orantes, gestos adequados e um ritmo que possibilite o "toque da graça". O mesmo se diga da Unção e da Reconciliação: com tantas pessoas feridas, seguidoras de Jesus mas fragmentadas e magoadas, é um grande bem celebrar a Unção e a Reconciliação como "sacramentos de cura"[1], que nos restauram interiormente e nos libertam

---

1. Assim diz o *Catecismo da Igreja Católica*: "O Senhor Jesus Cristo, médico de nossas almas e de nossos corpos, ele que remiu os pecados do paralítico e restituiu-lhe a saúde do corpo, quis que sua Igreja continuasse, na força do Espírito Santo, sua obra de cura e salvação, também junto de seus próprios membros. É esta a finalidade dos dois *sacramentos de cura*: o sacramento da Penitência e o sacramento da Unção dos Enfermos" (n. 1421). O grifo é nosso.

para a prática da justiça e da misericórdia evangélicas. Isso implica abrir novos espaços de encontro e celebração, com clima afetivo e orante, em que cada um se sinta acolhido e sustentado em seus compromissos cristãos. Não podemos esquecer ainda a reciclagem constante dos ministros da Igreja, sempre atentos em crescer na qualidade, na comunicação e no aprimoramento de sua sensibilidade pastoral.

3. Práticas de solidariedade

A espiritualidade cristã ressalta a *ágape* como o dom que não passa: caridade, perdão, compromisso social, postura ética clara, estabelecimento de relações justas, partilha de bens e talentos. O itinerário de fé nos educa a viver do jeito de Jesus: superando preconceitos, exclusões e fronteiras, em atitude oblativa. Num contexto de pregação da "nova era", com pessoas refugiando-se em espaços esotérico-subjetivos, torna-se profética a participação cristã em projetos de solidariedade, combate à fome e outras ações. Esse é o "bom fruto" que deve coroar as celebrações e o crescimento espiritual de cada sujeito. A palavra inspiradora será "misericórdia" (cf. Lc 10,30-37).

4. Comunidades de vida

A comunidade é o lugar do Espírito e da Palavra. Ali experimentamos perdão, acolhida e partilha. Com sucesso vemos multiplicar-se grupos de espiritualidade em que a oração pessoal, a afetividade e o cotidiano profissional-familiar se integram no seguimento de Jesus. Contudo, isso pede clareza, organização e respeito aos sujeitos. Nem sempre o critério territorial das paróquias é o melhor para organizar grupos de partilha. Na urbanidade o critério são as categorias sociais e os interesses: formação de núcleos cristãos, com jovens, casais, professores, cristãos dedicados a projetos sociais, profissionais liberais etc.[2]

É importante proporcionar experiências a partir de espaços já partilhados: num colégio, com um grupo de periferia, empresa, condomínio, pastoral específica, profissões afins etc. Núcleos assim organizados tratam mais rapidamente dos bloqueios e das diferenças de linguagem. Traços comuns reforçam a "solidariedade orante" que o grupo irá vivenciar, pois as semelhanças aproximam a todos, fazendo do grupo uma verdadeira comunidade de vida. Já existem algumas comunidades de vida e evangelização organizadas mais sistematicamente. Outras estão surgindo. Há ainda grupos que se organizam em sistema de rede, o que favorece sua articulação nos espaços urbanos.

5. Discípulos em itinerância

Cultivamos uma espiritualidade com bagagem, alimentada no essencial, que nos permita *peregrinar* em outros espaços, linguagens e horizontes: a ecologia, o feminino, o universo simbólico, a subjetividade, os direitos humanos, a política, o encontro com as religiões, as artes. Cada um desses itens representa um lugar da fé. A espiritualidade não se sustenta como um sistema ideológico monolítico, definido em manuais. Necessitamos educar os cristãos e cristãs para *peregrinar*... até mesmo nos desertos e espaços inéditos.

Vivemos um processo de releitura criativa de nosso patrimônio espiritual, ao mesmo tempo em que descobrimos novas modalidades de profetismo e inserção no mundo de hoje. E dessa experiência todos somos sujeitos: catequistas, consagrados e consagradas, bispos, teólogos, coordenadores,

---

[2]. Cf. A. Murad e M. Albuquerque, *Como formar grupos de espiritualidade e partilha*, Paulus, São Paulo, 1996.

jovens de diversas pastorais, lideranças de movimentos, equipes de retiro etc. Os livros e os documentos da Igreja não substituem a responsabilidade que cada um tem de cultivar-se e cultivar uma espiritualidade saudável, autêntica, discipular, missionária e aberta aos sinais dos tempos. Sendo sujeitos, discípulos e peregrinos, poderemos saborear o Evangelho em trilhas inéditas e sustentar as raízes com a seiva nova que o Espírito oferece.

ORAÇÃO DO NOVO MILÊNIO
(posfácio)

Pai,
em tua presença derramo meu coração.
Gostaria de superar meus receios e distâncias
para estar tão próximo de Ti quanto Tu estás de mim.
Por isso te chamo "pai".
Sei que és Pai de um modo único,
ao mesmo tempo mistério infinito e amor zeloso por cada um de nós.
Conheces meu passado e meu presente,
e os dias que virão, Tu os vês um a um, porque para Ti não existe tempo:
tudo é um grande "hoje".

Pai bondoso, toma o barro que sou e modela-me.
Nada posso te esconder:
desde minha gestação tu me sondas,
conheces todos os meus dons, meus medos e disfarces.
Eu te ofereço o segredo que sou.
Reconheço que faço parte de um povo
e de um projeto de salvação que vai além de mim,
porque o estabeleceste na medida de teu amor.
Vens ao nosso encontro com entranhas de bondade
e fazes aliança conosco, como um Esposo apaixonado e fiel.
Nesta aliança estão todos os povos e todos os tempos da história.
E eu — pequeno grão de pó — fui chamado à existência para cooperar
   contigo.

Hoje me apresento a Ti, pedindo que renoves meu coração
com a presença restauradora do teu Espírito Santo:
que Ele ilumine meus olhos,
inspire meus pensamentos
e fortaleça minha decisão em corresponder às tuas graças.
Sinto, mais que nunca, a dor do teu Reino em gestação:
como no passado, muitos profetas são mortos;
como no Egito, há homens e mulheres escravos;
como no exílio, povos sofrem a exclusão e vivem errantes.
Além desses desafios visíveis, percebo ainda as sutilezas do mal:
livra-me, Senhor, da indiferença que anestesia,
dos ídolos da vaidade e de uma religião sem sentido.

Abre meu coração à tua Palavra,
provoca-me, grita se for preciso,
mas não me deixes esvaziar de Ti
nem entristecer teu Espírito Santo com uma fé medíocre e sem frutos.
Tu, que continuas a falar e espalhas no universo os teus sinais,
ajuda-me a te encontrar e a te ouvir, também nos lugares inéditos que me
    desafiam:
nas culturas que ainda não conheço,
nos pobres desfigurados
e no sofrimento que me escandaliza.

Tempera minha inteligência no Fogo de teu Espírito:
dá-me sabedoria de raciocínio e transparência no agir,
dá-me saúde afetiva e santidade profissional,
para que eu te glorifique com minha vida.
Recordo nesta prece todos os que amo
e também as pessoas que não amo o bastante.
Rezo ainda pelos que te buscam em outras religiões,
e pelas pessoas que promovem a ética e a justiça em nosso mundo:
estende sobre todos a tua misericórdia!

Toca-me, Senhor,
para que eu desperte e te veja neste momento da História:

momento de transição e buscas, de temores e expectativas...
Desejo voltar ao essencial, para viver na verdade do Evangelho.
Ensina-me de novo a contemplar!
Ajuda-me a desenvolver os talentos, para servir com generosidade.
Dá-me um respiro novo, para atravessar desertos e plantar jardins.
Salva-me de uma religião vaga — e dá-me verdadeira paixão.
Tira de mim a violência — e concede-me a ousadia dos profetas.
Inspira-me novas linguagens
para evangelizar com alegria e eficácia.
Revigora toda a Igreja com o sopro dos carismas
e confirma teu povo no serviço pastoral, profético e sacerdotal.

Glória ao Pai, ao Filho e ao Espírito Santo,
como era no princípio, agora e sempre.
Amém.

OS AUTORES

Afonso Murad, fms, é irmão marista e doutor em teologia pela Universidade Gregoriana de Roma. Natural de Colatina (ES), é professor de teologia no Centro de Estudos Superiores da Companhia de Jesus e dirige o curso de Teologia Pastoral no Instituto Marista de Ciências Humanas (IMACH). Faz parte da equipe de reflexão teológica da Conferência dos Religiosos do Brasil (CRB). Publicou, entre outras obras, *Visões e aparições*, Vozes; *Quem é esta mulher. Maria na Bíblia*, Paulinas; *Introdução à teologia* (com J. B. Libânio), Loyola; *Como formar grupos de espiritualidade e partilha*, Paulus. Atua na Evangelização da Juventude da Arquidiocese de Belo Horizonte, na formação e no acompanhamento espiritual.

Marcial Maçaneiro, scj, é religioso dehoniano (Padres do Coração de Jesus), natural de Brusque, SC. Mestre em teologia, foi diretor do Instituto de Pastoral da Juventude — Leste II. É professor de espiritualidade e teologia das religiões. Nos últimos anos dedicou-se à assessoria teológica e à animação espiritual, com palestras, cursos e retiros. Além de atender a religiosos e religiosas, tem especial atenção pelos jovens e pelos profissionais leigos. Seu ministério une *mística e sensibilidade cultural* numa perspectiva de síntese, que responda aos novos desafios do mundo à fé cristã. Publicou: *Mística e erótica — um ensaio sobre Deus, eros e beleza*, Vozes; *Eros e espiritualidade*, Paulus; *Esoterismo & fé cristã — encontros e desencontros*, Vozes; *Amar o amor*, Loyola; *30 palavras do Espírito*, Loyola-CDC, *30 Palavras do Pai*, Loyola-CDC e *Um sopro no jardim*, EDB, Itália.

DISTRIBUIDORES DE EDIÇÕES LOYOLA

AMAZONAS
PAULINAS
Av. 7 de setembro, 665
Tel.: (0**92) 233-5130 • Fax: (0**92) 633-4017
69010-080 **Manaus**, AM

BAHIA
DISTR. BAIANA DE LIVROS COM. E REPR. LTDA.
Rua Clóvis Spínola, 40
Orixás-Center loja II – Pav. A
Telefax: (0**71) 329-1089
40080-240 **Salvador**, BA

LIVRARIA E DISTRIB. MULTICAMP LTDA.
Rua Direita da Piedade, 203 – Piedade
Telefax: (0**71) 329-0109
40070-190 **Salvador**, BA

EDITORA VOZES LTDA.
Rua Carlos Gomes, 698A
Conjunto Bela Center – Loja 2
Telefax: (0**71) 322-8666
40060-410 **Salvador**, BA

PAULINAS
Av. 7 de Setembro, 680 – São Pedro
Tel.: (0**71) 243-2477 / 243-2805 • Fax: (0**71) 321-5133
40110-001 **Salvador**, BA

BRASÍLIA
EDITORA VOZES LTDA.
CRL/Norte – Q. 704 – Bloco A n.15
Tel.: (0**61) 223-2436 • Fax: (0**61) 223-2282
70730-516 **Brasília**, DF

LETRAS E LÁPIS
CLRN 704 Bloco E Loja 21
Tel.: (0**61) 326-1684 • Fax: (0**61) 326-5414
70730-556 **Brasília**, DF

PAULINAS
Bl. C – Lojas 18/22 – SCS – Q. 05
Tel.: (0**61) 225-9595 / 225-9664 / 225-9219
Fax: (0**61) 225-9219
70300-909 **Brasília**, DF

PAULINAS
Rua CNB, 13 – Lote 5 – Loja 1
Tel.: (0**61) 352-2625
72115-135 **Taguatinga**, DF

CEARÁ
EDITORA VOZES LTDA.
Rua Major Facundo, 730
Tel.: (0**85) 231-9321 • Fax: (0**85) 221-4238
60025-100 **Fortaleza**, CE

PAULINAS
Rua Major Facundo, 332
Tel.: (0**85) 226-7544 / 226-7398 • Fax: (0**85) 226-9930
60025-100 **Fortaleza**, CE

ESPÍRITO SANTO
"A EDIÇÃO" LIVRARIA E DISTRIBUIDORA
Av. Marechal Campos, 310 - Lourdes
Tel.: (0**27) 200-2780 • Fax: (0**27) 223-5690
29040-090 **Vitória**, ES

PAULINAS
Rua Barão de Itapemirim, 216
Tel.: (0**27) 223-1318 • Fax: (0**27) 222-3532
29010-060 **Vitória**, ES

GOIÁS
LIVRARIA ALTERNATIVA
Rua 21, n. 61
Telefax: (0**62) 224-9358
74030-070 **Goiânia**, GO

LIVRARIA EDITORA CULTURA GOIÂNA LTDA.
Av. Araguaia, 300
Tel.: (0**62) 229-0555 • Fax: (0**62) 223-1652
74030-100 **Goiânia**, GO

MARANHÃO
PAULINAS
Rua de Santana, 499 – Centro
Tel.: (0**98) 221-5026 • Fax: (0**98) 232-2692
65015-440 **São Luís**, MA

MATO GROSSO
MARCHI LIVRARIA E DISTRIBUIDORA LTDA.
Av. Getúlio Vargas, 381 – Centro
Tel.: (0**65) 322-6809 / 322-6967 • Fax: (0**65) 322-3350
78005-600 **Cuiabá**, MT

MINAS GERAIS
EDITORA VOZES LTDA.
Rua Sergipe, 120 – B. Funcionários
Telefax: (0**31) 226-9010
30130-170 **Belo Horizonte**, MG

EDITORA VOZES LTDA.
Rua Tupis, 114
Tel.: (0**31) 273-2538 • Fax: (0**31) 222-4482
30190-060 **Belo Horizonte**, MG

EDITORA VOZES LTDA.
Rua Espírito Santo, 963
Telefax: (0**32) 215-8061
36010-041 **Juiz de Fora**, MG

ACAIACA DISTR. DE LIVROS LTDA.
Rua Itajubá, 2125
Tel.: (0**31) 481-1910
31035-540 **Belo Horizonte**, MG

ACAIACA DISTR. DE LIVROS LTDA.
Rua 129, nº 384 – Sta. Maria
Telefax: (0**31) 848-3225
35180-000 **Timóteo**, MG

ACAIACA DISTR. DE LIVROS LTDA.
Rua João Lustosa, 15/201 – Lourdes
Telefax: (0**32) 235-2780
36070-720 **Juiz de Fora**, MG

PAULINAS
Av. Afonso Pena, 2.142
Tel.: (0**31) 261-6623 / 261-7236 • Fax: (0**31) 261-3384
30130-007 **Belo Horizonte**, MG

Rua Curitiba, 870
Tel.: (0**31) 224-2832 • Fax: (0**31) 224-2208
30170-120 **Belo Horizonte**, MG

PAULINAS
Rua Januária, 552
Tel.: (0**31) 444-4400 • Fax: (0**31) 444-7894
31110-060 **Belo Horizonte**, MG

PARÁ
PAULINAS
Rua Santo Antonio, 278 – Bairro do Comércio
Tel.: (0**91) 241-3607 / 241-4845 • Fax: (0**91) 224-3482
66010-090 **Belém**, PA

PARANÁ
EDITORA VOZES LTDA.
Rua Dr. Fauvre, 1271 – Centro
Tel.: (0**41) 264-9112 • Fax: (0**41) 264-9695
80060-140 **Curitiba**, PR

EDITORA VOZES LTDA.
Rua Voluntários da Pátria, 41 – Centro
Tel.: (0**41) 233-1570
80020-000 **Curitiba**, PR

EDITORA VOZES LTDA.
Rua Piauí, 72 – Loja 1
Telefax: (0**43) 337-3129
86010-390 **Londrina**, PR

A. LORENZET DISTRIBUIDORA E COMÉRCIO
DE LIVROS LTDA.
Av. São José, 587 loja 03
Tel.: (0**41) 262-8992
80050-350 **Curitiba**, PR

PAULINAS
Rua Voluntários da Pátria, 225
Tel.: (0**41) 224-8550 • Fax: (0**41) 226-1450
80020-000 **Curitiba**, PR

PAULINAS
Av. Getúlio Vargas, 276
Tel.: (0**44) 226-3536 • Fax: (0**41) 226-4250
87013-130 **Maringá**, PR

PERNAMBUCO, PARAÍBA ALAGOAS, RIO GRANDE DO NORTE E SERGIPE

EDITORA VOZES LTDA.
Rua do Príncipe, 482 – Boa Vista
Tel.: (0**81) 423-4100 • Fax: (0**81) 423-4180
50050-410 **Recife**, PE

PAULINAS
Rua Joaquim Távora Alegria, 71
Tel.: (0**82) 326-2575 • Fax: (0**82) 326-6561
57020-320 **Maceió**, AL

PAULINAS
Av. Norte, 3.892
Tel.: (0**81) 441-6144 • Fax: (0**81) 441-5340
52110-210 **Recife**, PE

PAULINAS
Rua Frei Caneca, 59 – Loja 1
Tel.: (0**81) 224-5812 / 224-5609 • Fax: (0**81) 224-9028
50010-120 **Recife**, PE

PAULINAS
Rua Felipe Camarão, 649
Tel.: (0**84) 212-2184 • Fax: (0**84) 212-1846
59025-200 **Natal**, RN

RIO GRANDE DO SUL

EDITORA VOZES LTDA.
Rua Riachuelo, 1280
Tel.: (0**51) 226-3911 • Fax: (0**51) 226-3710
90010-273 **Porto Alegre**, RS

EDITORA VOZES LTDA.
Rua Ramiro Barcelos, 386
Tel.: (0**51) 225-4879 • Fax: (0**51) 225-4977
90035-000 **Porto Alegre**, RS

Eco Livraria e Dist. de Livros
Rua Cel. Ilário Pereira Fontes, 138/202
Tel.: (0**51) 485-2417 • Fax: (0**51) 241-2287
91920-220 **Porto Alegre**, RS

PAULINAS
Rua dos Andradas, 1.212
Tel.: (0**51) 221-0422 • Fax: (0**51) 224-4354
90020-008 **Porto Alegre**, RS

RIO DE JANEIRO

ZÉLIO BICALHO PORTUGAL CIA. LTDA.
Av. Presidente Vargas, 502 – 17º andar
Telefax: (0**21) 233-4295 / 263-4280
20071-000 **Rio de Janeiro**, RJ

EDITORA VOZES LTDA.
Rua Senador Dantas, 118-I
Tel.: (0**21) 220-8546 • Fax: (0**21) 220-6445
20031-201 **Rio de Janeiro**, RJ

EDITORA VOZES LTDA.
Rua Elvira Machado, 5 – Botafogo
Tel.: (0**21) 224-0864 • Fax: (0**21) 252-6678
22280-060 **Rio de Janeiro**, RJ

PAULINAS
Rua 7 de Setembro, 81-A
Tel.: (0**21) 224-3486 • Fax: (0**21) 224-1889
20050-005 **Rio de Janeiro**, RJ

PAULINAS
Rua Doutor Borman, 33 – Rink
Tel.: (0**21) 717-7231 • Fax: (0**21) 717-7353
24020-320 **Niterói**, RJ

RONDÔNIA

PAULINAS
Rua Dom Pedro II, 864
Tel.: (0**69) 223-2363 • Fax: (0**69) 224-1361
78900-010 **Porto Velho**, RO

SÃO PAULO

DISTRIBUIDORA LOYOLA DE LIVROS LTDA.
Rua Senador Feijó, 120
Telefax: (0**11) 232-0449
01006-000 **São Paulo**, SP

DISTRIBUIDORA LOYOLA DE LIVROS LTDA.
Rua Barão de Itapetininga, 246
Tel.: (0**11) 255-0662
Fax: (0**11) 256-8073
01042-001 **São Paulo**, SP

DISTRIBUIDORA LOYOLA DE LIVROS LTDA.
Rua Quintino Bocaiúva, 234 – centro
Tel.: (0**11) 3105-7198
Fax: (0**11) 232-4326
01004-010 **São Paulo**, SP

DISTRIBUIDORA LOYOLA DE LIVROS LTDA. ATACADO
Rua Conselheiro Ramalho, 692/694 – Bela Vista
Tel.: (0**11) 287-0688
Fax: (0**11) 284-7651
01325-000 **São Paulo**, SP

EDITORA VOZES LTDA.
Rua Senador Feijó, 158/168
Tel.: (0**11) 3105-7144 • Fax: (0**11) 607-7948
01006-000 **São Paulo**, SP

EDITORA VOZES LTDA.
Rua Haddock Lobo, 360
Tel.: (0**11) 256-0611 / 256-2831 • Fax: (0**11) 258-2841
01414-000 **São Paulo**, SP

EDITORA VOZES LTDA.
Rua Barão de Jaguara, 1164/1166
Tel.: (0**19) 231-1323 • Fax: (0**19) 234-9316
13015-002 **Campinas**, SP

PAULINAS
Rua Domingos de Morais, 660
Tel.: (0**11) 572-4051 – R. 213/214
Fax: (0**11) 549-9772
04010-100 **São Paulo**, SP

PAULINAS
Rua 15 de Novembro, 71
Tel.: (0**11) 606-4418 / 606-0602 / 606-3535
Fax: (0**11) 606-3535
01013-001 **São Paulo**, SP

PAULINAS
Via Raposo Tavares, km 19,5
Tel.: (0**11) 810-1444
Fax: (0**11) 810-0972
05577-200 **São Paulo**, SP

PAULINAS
Av. Marechal Tito, 981 – São Miguel Paulista
Tel.: (0**11) 956-0162
08020-090 **São Paulo**, SP

SERGIPE

LIVRARIA KYRIE
Av. Augusto Maynard, 543 – S. José
Tel.: (0**79) 224-6279
Fax: (0**79) 224-5837
49015-380 **Aracaju**, SE

PORTUGAL

MULTINOVA UNIÃO LIV.CULT.
Av. Santa Joana Princesa, 12 E
Fax: 848-3436 / 842-1820
1700 **Lisboa**, Portugal

LIVRARIA LER LTDA
Rua 4 de infantaria, 18-18A
Tel.: 388-8371 / 390-6996
1350 **Lisboa**, Portugal

Se o(a) senhor(a) não encontrar este ou qualquer um de nossos títulos em sua livraria preferida ou em nosso distribuidor, faça o pedido por reembolso postal diretamente a:

Edições Loyola
Rua 1822 nº 347 – Ipiranga – 04216-000 São Paulo, SP
C.P. 42.335 - 04299-970 São Paulo, SP / ✆ (0**11) 6914-1922/ Fax: (0**11) 6163-4275
Home page e vendas: www.loyola.com.br — e-mail: www.loyola@ibm.net

Se você gostou desta publicação e gostaria de conhecer outras obras desta editora, preencha a ficha de cadastramento, nos envie e receba em casa informações atualizadas de nossas publicações.

FICHA DE CADASTRAMENTO

Nome: _____

Endereço: _____

_____

CEP: _____ Cidade: _____

_____ Estado: _____

Profissão: _____

Fone: _____ Fax: _____

e-mail: _____

FORMAÇÃO: ( ) 1º Grau   ( ) 2º Grau   ( ) Superior

FAIXA ETÁRIA: ( ) De 0 a 14   ( ) De 15 a 30
                ( ) De 31 a 60   ( ) Mais de 60

RENDA FAMILIAR: ( ) Mais de 30 salários
                  ( ) De 20 a 30 salários
                  ( ) de 10 a 20 salários
                  ( ) de 3 a 10 salários
                  ( ) Menos de 3 salários

ÁREAS DE INTERESSE

- ☐ 000 Política/Sociologia
- ☐ 300 Ciências Sociais
- ☐ 160 Parapsicologia
- ☐ 100 Filosofia
- ☐ 380 Livros Didáticos
- ☐ 650 Comunicação
- ☐ 500 Educação
- ☐ 850 Literatura Inf.-Juvenil
- ☐ 700 Arte
- ☐ 150 Psicologia
- ☐ 001 Auto-ajuda
- ☐ 320 Economia
- ☐ 200 Teologia/pastoral
- ☐ 400 Espiritualidade
- ☐ 800 Literatura
- ☐ 653 Relações Públicas
- ☐ 610 Saúde
- ☐ 900 História/Geografia

ENVIAR ESTA FICHA PARA EDIÇÕES LOYOLA

POR CORREIO – Caixa Postal 42.335 — 04299-970 São Paulo, SP
POR FAX – (0∗∗11) 6163-4275
POR INTERNET – loyola@ibm.net